Métro Saint-Michel

MÉTHODE DE FRANÇAIS

2

ANNIE MONNERIE-GOARIN

SYLVIE SCHMITT

STÉPHANIE SAINTENOY

BÉATRICE SZARVAS

www.cle-inter.com

Introduction

Cette méthode, construite à partir de situations et de documents, s'adresse à un public de grands adolescents et d'adultes : étudiants, professionnels ou touristes souhaitant venir en France pour y vivre, étudier, travailler, ou pour de simples raisons touristiques. Elle représente entre 120 et 140 heures d'enseignement/apprentissage du français.

▶ Délibérément culturelle, la méthode propose deux types de supports déclencheurs de communication :
- dialogues « tranches de vie » ;
- textes représentatifs d'écrits authentiques.

▶ Très exhaustive, elle permet de travailler les compétences de compréhension et de production orales (dialogues ou exercices) et écrites (questionnaires, articles de presse, extraits de guides touristiques, messages électroniques, annonces, cartons d'invitations, etc.). Elle offre également une exploration complète des domaines d'apprentissage, en s'attachant à la maîtrise des outils grammaticaux, lexicaux et phonétiques.

▶ Ceux-ci rendent possible la réalisation de tâches qui s'inscrivent dans une perspective actionnelle et situationnelle, concrétisant les actes de parole traditionnels.

▶ La partie intitulée « documents » met en évidence différents types d'écriture : documents de vie pratique, supports sociologiques, anthropologiques, fictions, échanges épistolaires, productions poétiques qui, dans chacune des unités, donnent lieu à des tâches en rapport avec leur finalité. Tout en gardant une dominante de genre pour ces tâches, on a veillé à les diversifier au fil de la méthode pour éviter l'ennui.

▶ Tous les trois dossiers, une partie « tests » permet de vérifier les savoirs et les compétences. Ces tests s'inscrivent dans les **niveaux A2 et B1 du Cadre européen commun de référence** (CECR), sur lesquels sont également alignées les épreuves du DELF proposées en conclusion.

Direction éditoriale : Michèle Grandmangin
Édition : Odile Tanoh-Benon
Conception graphique maquette et couverture : Favre & Lhaïk
Mise en pages, relecture : Jean-Pierre Delarue
Illustrations : Emmanuel Saint, Jean-Pierre Foissy
Cartographie : Graffito
Recherche iconographique : Nathalie Lasserre
Photogravure : Nouvelle Norme Production

© CLE international, 2006
ISBN 978-2-09-035263-4

Découpage

1 Deux pages *supports* : oral, écrit

On peut commencer par l'une ou l'autre :
- 1 page de dialogues illustrés,
- 1 page de texte réaliste.

▶ **Le nombre des dialogues peut varier.** Il peut s'agir :
- d'un dialogue en continu, faisant intervenir des protagonistes réguliers ;
- de plusieurs petits dialogues illustrant des situations identiques ou chronologiquement reliés et rattachés, bien sûr, au thème du texte.

▶ **Les textes** sont des documents réalistes : questionnaires, articles de presse, extraits de guides touristiques, messages électroniques, annonces, cartons d'invitation, publicités, correspondances…

▶ **Les supports sont accompagnés d'*activités* de questionnement** permettant la compréhension globale, la compréhension fine, la découverte des actes de parole, du lexique, des structures travaillées dans ce texte.

2 Cinq pages *outils*

Cette partie regroupe les points à travailler en lexique, en grammaire et en phonétique.

▶ **Le lexique** est essentiellement thématique. Il est repris dans les exercices de grammaire, mais il fait lui-même l'objet d'exercices spécifiques (mots à compléter, phrases à compléter, classement, mots croisés, etc.).

▶ **La grammaire.** Le(s) point(s) de grammaire présenté(s) dans les textes sont repris dans de courts supports (phrases ou petits textes ou micro-conversations) permettant la découverte des phénomènes étudiés. Ils sont accompagnés d'un tableau et/ou d'une explication simple de la règle, puis travaillés dans les exercices traditionnels.
Les *micro-conversations* illustrent le plus souvent les actes de parole présentés dans les supports initiaux. Elles sont repérables par le signe 🎧.

▶ **La phonétique et la graphie** attirent l'attention sur les points suivants :
- découverte des intonations et des sons par des exercices, en faisant appel à l'observation, à la répétition et à la mise en application ;
- mise en relation de certaines particularités graphiques en rapport avec la phonétique étudiée.

3 Deux pages *situations*

Cette partie permet d'utiliser la langue dans une perspective fonctionnelle, et met en œuvre **les compétences de l'écrit et de l'oral**. Les éléments nécessaires pour mener à bien les tâches proposées sont bien entendu présents dans les supports.

4 Deux pages *documents*

Elles illustrent différents types d'écriture et permettent de répondre à des intérêts pratiques, sociologiques, épistolaires ou de stimuler l'imagination.

Selon sa nature, chacun de ces documents est l'objet d'une ou plusieurs tâches, par exemple :
- repérage d'infos utiles pour « vie pratique » ;
- comparaison culturelle pour l'« œil du sociologue » ;
- rédaction de messages pour le « journal à plusieurs voix » ;
- analyse littéraire et débat autour du thème.

▶ **Vie pratique.**
Les sujets répondent aux questions de jeunes adultes (études, logement, nourriture, etc.) étudiant en France ou en voyage touristique ou professionnel.

▶ **L'œil du sociologue.**
Il permet d'explorer les pratiques culturelles des Français et de les comparer à la culture de l'apprenant.

▶ **Le journal à plusieurs voix.**
Cet échange de courriels entre les protagonistes autorise un ton plus « affectif » et invite l'apprenant à s'impliquer dans les relations entre les personnages.

▶ **Le coin des livres.**
Il propose des extraits de la littérature française et francophone, et constitue une invitation à la lecture.

5 Les *bilans* et DELF CECR

Tous les trois dossiers, une partie de tests permettra :
- de *vérifier* les savoirs et les savoir-faire (actes grammaticaux, actes de parole) et la maîtrise des consignes ;
- et de *préparer* les épreuves du DELF (A2 et B1).

Mode d'emploi

Ouverture du thème

Un thème = 3 unités

Sommaire des points étudiés dans chaque unité

1 Support

Oral
Dialogue
entre les personnages
et petites scènes
en relation avec le thème

Les points de lexique ou
de grammaire à découvrir
et à retenir

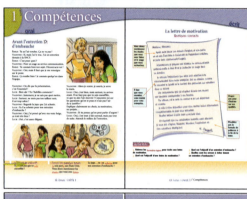

Écrit
Documents réalistes
de la vie quotidienne
(questionnaire, article de presse,
courriel, annonce, etc.)

Activités
Questions de compréhension
globale ou détaillée

2 Outils

– une phase d'observation
– une phase d'application
  et de reproduction

Vocabulaire
Lexique thématique
avec des exercices
de consolidation

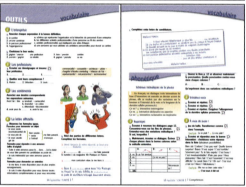

Phonétique
À partir des sons rencontrés
dans les dialogues :
découverte des sons
activités, dictées

Graphie
Les relations entre les sons
et l'orthographe

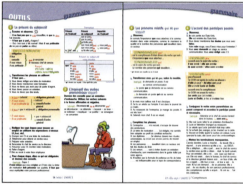

Grammaire

– Les points de grammaire
  à découvrir en contexte
– les règles
– les exercices d'application

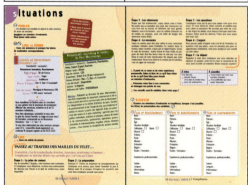

3 Situations

Oral
Parler
Lire
Écrire
Écouter

Activités
à partir
de situations
de la vie
quotidienne

4 /quatre / MODE D'EMPLOI

Mode d'emploi

4 Documents *avec des* Activités

Vie pratique
Les informations nécessaires
sur la vie en France

L'œil du sociologue
Les pratiques culturelles
des Français

Le journal à plusieurs voix
Échanges de courriels
Apprendre à s'impliquer dans
les relations sociales

Le coin des livres
Connaître la littérature contemporaine
française et francophone

5 Tests

Toutes les 3 unités

Bilan (3 pages)
et
DELF-CECR
A2 (2 pages)
B1 (4 pages)
Vérifier les savoirs
et la maîtrise des consignes

Les dialogues et exercices accompagnés du pictogramme 🎧 sont enregistrés sur le matériel audio.

En fin d'ouvrage : un **précis grammatical**.

Tableau des contenus

UNITÉS Titres et thèmes		ORAL Support du dialogue	ÉCRIT Support du texte	ACTES DE PAROLE	VOCABULAIRE
L'homme au travail p. 11 / Unités 1-2-3	**1 Compétences** p. 12	**Avant l'entretien d'embauche** Dialogues, vie quotidienne	**La lettre de motivation** Conseils Lettre	– Se présenter à un entretien d'embauche – Rédiger des lettres formelles – Rédiger une lettre de motivation – Exprimer l'obligation – Donner des conseils et des consignes	– L'entreprise – Les professions – Les sentiments – La lettre officielle
	2 Entreprendre p. 22	**Aider les jeunes à monter une entreprise** Dialogue formel	**Une nouvelle griffe à Lyon** Article de presse	– Proposer et demander de l'aide – Proposer des procédures – Présenter un projet	– L'entreprise et son environnement – Qu'est-ce que le marketing ? – Les chiffres de l'entreprise – Le financement
	3 Droit et travail p. 32	**Trois chaînes** Émission TV	**Appel à tous les salariés** Tract	– Réclamer – Faire un constat – Refuser des propositions – Exprimer son opinion	– Le salaire – Les syndicats – Le monde des salariés

Bilan 1 et DELF-CECR A2, p. 42

L'homme social p. 47 / Unités 4-5-6	**4 Vie privée** p. 48	**Tête à tête** Dialogues, vie quotidienne	**Courrier des lecteurs** Témoignages de couples	– Raconter – Parler de ses sentiments – Rapporter des propos – Parler du caractère : les qualités et les défauts	– La famille – L'amour – Le caractère
	5 Vivre à plusieurs p. 58	**Cohabiter** Dialogues, vie quotidienne	**Immeubles en fête** Article de presse	– Suggérer, proposer – Exprimer des conditions – Exprimer des hypothèses – Exprimer ses goûts et préférences	– L'habitat (suite) – Le locataire et le propriétaire – L'appartement, les pièces (rappel) – Le colocataire parfait
	6 Voyager p. 68	**Partir** Interview radio	**Ailleurs** Prospectus de voyage	– Décrire un paysage – Élaborer un itinéraire (rappel)	– Les paysages (rappel et suite) – Les moyens de transport

Bilan 2 et DELF A2, p. 78

Tableau des contenus

PHONÉTIQUE et graphie	GRAMMAIRE	SITUATIONS Production et compréhension	DOCUMENTS - Vie pratique - L'œil du sociologue	DOCUMENTS Le coin des livres
Les schémas mélodiques de la phrase	- Le présent du subjonctif - L'impératif des verbes pronominaux (rappel) - Les pronoms relatifs *qui* et *que* (rappel) - L'accord des participes passés	- Passer un entretien d'embauche - Lire des offres d'emploi et rédiger une lettre de candidature - Comprendre un article de magazine - Écouter des entretiens d'embauche	- *Vie Pratique* : Petits conseils pratiques pour apprenti stagiaire - *L'œil du sociologue* : Bienvenue dans la vie active	*La Sieste assassinée*, Philippe Delerm
L'accentuation	- L'interrogation indirecte - Les pronoms relatifs *dont* et *où* - Les pronoms relatifs composés	- Présenter une entreprise - Élaborer un projet : prix, vente, distribution, communication (marketing-mix) - Chercher un financement - Écouter un bulletin radiophonique	- *Vie Pratique* : Quelques pistes pour réaliser vos projets - *L'œil du sociologue* : Création d'entreprises Portrait-robot de l'entrepreneur	*14,99 €*, Frédéric Beigbeder
La liaison et les niveaux de langue	- Le subjonctif - Le passif - La négation - Le conditionnel présent	- Commenter et rédiger un compte rendu de réunion - Convoquer et animer une assemblée générale	- *Vie Pratique* : Qu'est-ce qu'une convention collective ? - *L'œil du sociologue* : Les syndicats	*Les Météores*, Michel Tournier
Le style oral	- L'imparfait et le passé composé (rappel) - Le plus-que-parfait - La concordance des temps dans le discours indirect	- Parler des relations amoureuses et de la famille - Comprendre des témoignages de rencontres	- *Vie Pratique* : L'amour en ligne - *L'œil du sociologue* : La vie privée des Français	*La Conversation amoureuse*, Alice Ferney
Les enchaînements	- Le présent du conditionnel (suite) - La condition, les hypothèses - Les propositions incises - Les expressions de la quantité	- Raconter une expérience de cohabitation - Inviter à une fête de quartier et faire un reportage (interviews) - Comprendre des annonces	- *Vie Pratique* : Une « auberge espagnole » en France - *L'œil du sociologue* : Sans toit ni loi	*La Société de la peur*, Christophe Lambert
Le rythme et la respiration	- Prépositions, villes et pays (rappel) - Le pronom *y* marquant le lieu (rappel) - *Par/pour* et lieux - Récapitulatif - Le moyen ou la manière : le gérondif – *sans* + infinitif	- Choisir et raconter ses vacances - Comprendre des projets de vacances (lieu, date, pays, motivation…)	- *Vie Pratique* : Je pars en mission pour les vacances - *L'œil du sociologue* : Des vacances pas comme les autres	*Le Voyage en France*, Benoît Duteurtre

Tableau des contenus

	UNITÉS Titres et thèmes	ORAL Support du dialogue	ÉCRIT Support du texte	ACTES DE PAROLE	VOCABULAIRE
Unités 7-8-9 — **Le consommateur** p. 83	⑦ Négocier p. 84	Une bonne affaire Dialogues, vie quotidienne	Les bons plans Extrait de guide	– Se renseigner sur le prix et payer – Marchander et négocier	– L'argent – L'artisanat – Le bricolage
	⑧ Choisir p. 94	Bien acheter au supermarché Dialogues, vie quotidienne	Consommateurs de tous les pays, unissez-vous ! Tract d'association	– Exprimer des sentiments – S'indigner – Parler d'un produit	– Environnement, écologie – Composition ou ingrédients – La désapprobation
	⑨ Proximité p. 104	La fin d'un petit commerce Dialogues, vie quotidienne	Notre épicerie est menacée de fermeture Pétition des habitants d'un quartier	– Exprimer un regret – Protester	– Les grandes surfaces – Les commerces et les commerçants – Les commerces de proximité d'hier et d'aujourd'hui
Bilan 3, p. 112					
Unités 10-11-12 — **Loisirs et création** p. 117	⑩ Télévision p. 118	Zapper Dialogues, vie quotidienne	Notre sélection Programme TV	– Débattre : exprimer son opinion, son accord et désaccord – Critiquer	– Des programmes pour tous les goûts – Demandez le programme – L'art du débat
	⑪ Créer p. 128	Au Salon des inventeurs Dialogues, vie quotidienne	Se faire une place Annonces sur Internet	– Situer un événement dans le temps – Décrire un objet et élaborer un mode d'emploi – Faire des prévisions	– Les matériaux – L'artisanat d'art – Les arts
	⑫ Bonheurs p. 138	Mieux vivre Dialogues, vie quotidienne	Qualité de vie Document récréatif	– Parler de sa santé – Exprimer des souhaits – Exprimer le doute et la certitude – Exprimer le regret – Faire des reproches – Donner des conseils	– L'état général : être en bonne/mauvaise santé – Auriez-vous fait un bon médecin ? (symptômes et maladies) – Rester zen (stress, relaxation, médecines douces, bien-être)
Bilan 4 et DELF B1, p. 148					

Tableau des contenus

PHONÉTIQUE et graphie	GRAMMAIRE	SITUATIONS Production et compréhension	DOCUMENTS · Vie pratique · L'œil du sociologue	DOCUMENTS Le coin des livres
Le son /R/	– Les doubles pronoms – Les pronoms réfléchis – Les verbes à constructions multiples	– Marchander, payer, donner ses bonnes adresses – Comprendre une négociation	– *Vie Pratique* : Les consommateurs acteurs – *L'œil du sociologue* : Dis-moi chez qui tu t'habilles	*Le Périple de Baldassare*, Aamin Maalouf
Les voyelles nasales	– Le subjonctif dans l'expression des sentiments – La mise en relief : › *ce que/qui*, › *c'est qui/que*, › *c'est moi/toi qui/que*, › par la nominalisation de la phrase	– Comprendre un article informatif – Faire des recommandations, commenter une publicité – Envoyer une lettre de protestation et rédiger un tract – Écouter un micro-trottoir	– *Vie Pratique* : Boutique éthique – *L'œil du sociologue* : La « malbouffe »	*La Terre vue du ciel*, Yann Arthus-Bertrand
Les sons /s/ et /ʃ/	– Synthèse des pronoms personnels et réfléchis – Les pronoms possessifs – Les adverbes de manière (adverbes en *-ment*)	– Comparer les formes de commerce – Comprendre un article politique, des annonces – Écrire une lettre de protestation – Reprendre un commerce	– *Vie Pratique* : Les heures d'ouverture – *L'œil du sociologue* : Le second souffle du petit commerce	*Laissées-pour-compte*, Robert Bober
Les sons /z/ et /ʒ/	– Les relations logiques – La cause – La conséquence – L'opposition et la concession	– Lire la presse et parler de la TNT – Rédiger le mode d'emploi d'un appareil – Écouter les programmes – Se renseigner sur les abonnements – Comprendre des opinions, établir des relations logiques	– *Vie Pratique* : Participer aux enregistrements des émissions – *L'œil du sociologue* : Les jeunes et la presse	*Acide sulfurique*, Amélie Nothomb
Les sons /j/ et /ʒ/	– L'expression du temps – Le but – Le futur (rappel)	– Proposer un objet du futur – Répondre à un appel d'offre – Comprendre une publication	– *Vie Pratique* : Vous et votre œuvre – *L'œil du sociologue* : Les pratiques culturelles des Français	*Dernières Nouvelles des oiseaux*, Érik Orsenna
Opposition occlusives-fricatives /b/-/v/	– Les emplois de l'infinitif – Le conditionnel ; proposition de condition – Le conditionnel (suite) ; emplois particuliers (*devenir, pouvoir, il faut*...) – Le subjonctif – L'indicatif et le subjonctif après les verbes d'opinion : la certitude, le doute	– Préparer un débat – Rédiger un article, – Présenter une méthode thérapeutique – Comprendre une interview	– *Vie Pratique* : Je n'ai pas le moral – *L'œil du sociologue* : Avoir la main verte ou les doigts verts	*L'Enchantement simple*, Christian Bobin

Précis grammatical, p. 155 - Crédits photographiques, p. 160

Portraits des personnages

L'HOMME ET LE TRAVAIL

Compétences • unité 1

Savoir
- Se présenter à un entretien d'embauche
- Rédiger des lettres formelles
- Rédiger une lettre de motivation
- Exprimer l'obligation
- Donner des conseils et des consignes

Connaître
- Le subjonctif présent
- L'impératif des verbes pronominaux (rappel)
- Les pronoms relatifs *qui* et *que* (rappel)
- L'accord des participes passés

Entreprendre • unité 2

Savoir
- Proposer et demander de l'aide
- Proposer des procédures
- Présenter un projet

Connaître
- L'interrogation indirecte
- Les pronoms relatifs *dont* et *où*
- Les relatifs composés

Droit et travail • unité 3

Savoir
- Réclamer
- Faire un constat
- Refuser des propositions
- Exprimer son opinion

Connaître
- Le présent du subjonctif (suite)
- Le présent du conditionnel
- La forme passive
- La négation

1 UNITÉ Compétences

oral

Avant l'entretien d'embauche

ÉMILIE : Tu as l'air tendue, Ça ne va pas ?
VALENTINE : Si, mais j'ai le trac. J'ai un entretien demain à la SNCF.
ÉMILIE : C'est pour quoi ?
VALENTINE : Pour un stage au service communication.
ÉMILIE : Tu connais bien ton sujet. Décontracte-toi !
VALENTINE : Oui, mais il faut que je me renseigne sur le poste.
ÉMILIE : Ça tombe bien ! Je connais quelqu'un dans l'équipe.

VALENTINE : On dit que la présentation, c'est l'essentiel !
LUCIE : Bien sûr ! Tu t'habilles comment ?
VALENTINE : Justement, je ne sais pas quoi mettre.
LUCIE : Surtout, ne mets pas ton tailleur noir, il est trop sobre !
VALENTINE : Regarde la jupe que j'ai achetée.
LUCIE : Tu l'as achetée pour ton entretien d'embauche ?
VALENTINE : Oui, j'ai pensé qu'avec ma veste beige, ça irait très bien !
LUCIE : Oui, c'est assez élégant.

VALENTINE : Alors je rentre, je souris, je serre la main.
LUCIE : Oui, c'est bien, mais surtout, tu arrives avant. Il ne faut pas que tu sois essoufflée, ni que tu aies l'air énervée ! Concentre-toi sur les questions qu'on te pose et n'aie pas l'air de te justifier ! Explique clairement tes choix, ta motivation, tes projets…
VALENTINE : Et tu penses qu'on peut parler d'argent ?
LUCIE : Oui, c'est tout à fait normal, mais pas tout de suite. Attends le milieu de l'entretien.

> **Le présent du subjonctif :**
Il ne faut pas que tu **sois** essoufflée !

> **L'accord des participes passés :**
Je suis part**ie** aux États-Unis.
Vous devez mentionner les **études** que vous avez **faites**.

La jupe… tu **l**'as **achetée** pour ton entretien d'embauche ?

écrit

La lettre de motivation
Quelques conseils

> Madame, Monsieur,
>
> Après avoir passé une licence d'anglais, je suis partie un an aux États-Unis à l'université de Pepperdine à Malibu, je parle donc couramment l'anglais.
>
> Actuellement, je prépare une maîtrise en communication professionnelle à Paris IV et je recherche un stage dans ce domaine.
>
> Je connais l'importance que vous avez attachée à la communication dans votre entreprise, dès sa création, comme le montrent la qualité et le nombre des personnes qui travaillent dans ce secteur.
>
> Les compétences que j'ai acquises durant mes études me semblent correspondre à vos besoins.
>
> Par ailleurs, j'ai le sens du contact et je suis disponible et motivée.
>
> Je suis à votre disposition pour vous donner toutes informations complémentaires et pour vous rencontrer.
>
> Veuillez trouver ci-joint mon curriculum vitae.
>
> En espérant que ma candidature retiendra votre attention, je vous prie d'agréer, Madame, Monsieur, mes salutations distinguées.
>
> V. Foucault

- **Vous devez mentionner les études que vous avez faites et le stage que vous recherchez.**
- **Il faut que vous montriez votre intérêt pour cette entreprise.**
- **N'ayez pas peur d'insister sur vos qualités.**
- **N'oubliez pas la formule de politesse à la fin de la lettre.**

activités

1. Relevez les **formules-types** pour écrire une lettre de motivation.
2. Quel est l'objectif d'une lettre de motivation ?
3. Quel est l'objectif d'un entretien d'embauche ?
4. Quelles sont les erreurs à éviter durant un entretien d'embauche ?

OUTILS vocabulaire

1 L'entreprise

a. Associez chaque expression à la bonne définition.

1. la carrière
2. un/une carriériste
3. le parcours professionnel
4. l'organigramme

a. schéma qui représente l'organisation et la hiérarchie du personnel d'une entreprise
b. les différentes activités professionnelles d'une personne au fil des années
c. activités professionnelles qui impliquent une série d'étapes
d. une personne qui veut satisfaire ses ambitions personnelles pour réussir sa carrière

b. Choisissez le bon verbe.

1. gagner / exercer   une profession
2. prendre / gagner   sa retraite
3. faire / prendre   carrière
4. gagner / prendre   sa vie

2 Les professions

a. Écoutez ces témoignages et trouvez leur profession.

1. ....   2. ....   3. ....

commercial(e) – comptable – architecte – pilote – chargé(e) d'études marketing – hôtesse de l'air – représentant(e) – mécanicien(ne) – technicien(ne)

b. Quelles sont leurs compétences ?

1. Marion : ....   2. Sébastien : ....   3. Louis : ....

3 Les sentiments

Associez aux dessins correspondants les expressions suivantes.

Avoir l'air / être
a. tendu(e) – contracté(e)
b. énervé(e) – en colère
c. détendu(e) – décontracté(e)
d. avoir peur de ......   e. avoir le trac ......

4 La lettre officielle

a. Observez les formules types.

Formules pour demander un objet
– Je vous serais reconnaissant(e) de
– Je vous prie de
– Je vous saurais gré de
} bien vouloir… + verbe à l'infinitif } me faire parvenir… m'envoyer…

Formules pour répondre à une annonce (offre d'emploi)
– Suite à votre annonce parue le… dans…, j'ai le plaisir de vous faire parvenir ma candidature au poste de…
– Je suis intéressé(e) par votre annonce parue le… dans…

Formules pour demander un entretien
– Je me tiens à votre disposition pour de plus amples renseignements.
– Je suis à votre disposition pour vous donner toutes informations complémentaires et pour vous rencontrer.

b. Voici des parties de différentes lettres. Complétez les formules.

1. Dans l'attente de votre réponse, je vous prie d'.........., Madame, ...
2. Je .... de .... me faire parvenir le numéro 1 du magazine *Vie Pratique en France*.
3. .... mon curriculum vitae. Je me tiens à ....
4. Suite à .... parue dans "Vie Pratique en France" le 22 juin 2006, je .... poste de secrétaire trilingue dans votre service.

vocabulaire

c. Complétez cette lettre de candidature.

Madame Hadani,
Suite à notre entretien téléphonique, je vous fais _parvenir_ ma candidature.
J'ai une licence en communication, un excellent sens du contact et l'esprit d'équipe.
J'ai travaillé pendant un an pour la chaîne de magasins QuickFringues
et j'ai animé une équipe de dix vendeurs.
Les compétences que j'ai acquises pendant mes études universitaires
et mon parcours professionnel semblent correspondre à vos besoins.
Veuillez trouver ci-joint mon curriculum vitae.
Je me tiens à votre disposition pour de plus amples informations et
pour vous rencontrer.
Je vous prie d'agréer, Madame Hadani, _mes salutations distinguées_

phonétique

Schémas mélodiques de la phrase

• En français, on distingue trois intonations de base (l'intonation est associée au dernier accent de phrase, elle se traduit par des variations sur la hauteur et l'intensité de la voix et la longueur de la dernière syllabe prononcée).
Ça va ? → intonation interrogative
Ça va. → intonation déclarative ou assertive
Ça va ! → intonation exclamative ou impérative

1 Repérages

a. Écoutez à nouveau les dialogues page 12. Concentrez-vous sur les fins de phrases. Entendez-vous des variations mélodiques ? Si oui, lesquelles ?

b. Maintenant, écoutez ce dialogue. Écrivez chaque phrase dans la bonne colonne selon la mélodie entendue.

	A : ↗	B : ↗	C : ↘
1. ex.	Tu as l'air tendue.		
2. ex.		Ça ne va pas ?	
3.			
4.			
5. ex.			Décontracte-toi !
[...]18.			

c. Ouvrez le livre p. 12 et observez maintenant la ponctuation. Quelle ponctuation mettez-vous dans chaque colonne ?

A : ……… B : ……… C : ………

Qu'expriment donc ces variations mélodiques ?

2 Entraînez-vous

a. Écoutez et répétez.
b. Écoutez et répétez.
c. Écoutez et répétez. Exagérez l'allongement de la dernière syllabe prononcée.

3 À vous de jouer !

a. Jeu de balle. Transformez comme dans l'exemple.
Exemple : Ça te plaît ? → Ça me plaît !

b. Écoutez et répondez avec la bonne intonation : choisissez votre réponse dans la liste (plusieurs possibilités).

J'adore ! Bravo ! Il est super ! C'est horrible !
Tu le fais exprès ! C'est invraisemblable !
N'aie pas peur ! Bien fait ! C'est l'essentiel !
C'est trop difficile ! Ce serait bien ! Si ! Oh oui !
C'est tout à fait toi ! Merci ! Félicitations !

Exemple : Elle me va bien cette robe ?
→ **C'est tout à fait toi !**

OUTILS grammaire

1. Le présent du subjonctif

a. Écoutez et observez.

— **Il ne faut pas que** tu **sois** essoufflée, ni **que** tu **aies** l'air énervée.
— **Il faut que** je **parle** d'argent ?
— Oui, c'est tout à fait normal ! Mais **il est préférable de** ne pas en **parler** au début.

EMPLOI DU SUBJONCTIF
- obligation
Il faut
- conseils
Il vaut mieux
Il est préférable
} **que** je rencontre le nouveau chef de service.

Rappel
DEVOIR + Infinitif exprime aussi l'obligation

b. Transformez les phrases en utilisant *Il faut que…*

1. Vous devez rédiger une lettre de motivation.
2. Vous devez mentionner votre formation.
3. Vous ne devez pas avoir peur de parler d'argent.
4. Vous devez passer un entretien.
5. Vous ne devez pas être tendu.

- *Il faut* + infinitif → obligation générale
- *Il vaut mieux*
  Il est préférable de } + infinitif → conseil d'ordre général
- *Il faut* + *que* + subjonctif → obligation personnelle
- *Il vaut mieux*
  Il est préférable } + *que* + subjonctif → conseil d'ordre personnel

c. Rédigez les sept étapes pour trouver un emploi en utilisant les expressions ci-dessus (*il faut*, etc).

1. Envoyer son CV et une lettre de motivation.
2. Téléphoner pour obtenir un rendez-vous.
3. Préparer votre entretien.
4. Rencontrer le chef de service ou le directeur.
5. Présenter votre CV, montrer votre motivation.
6. Parler d'argent.
7. Dire au revoir à votre futur employeur.

d. Pour chaque étape, dites ce qui est obligatoire et donnez des conseils.

Exemple : Étape 1
Il vaut mieux que vous rédig**iez** un CV très clair. La lettre de motivation **doit présenter** vos qualités. **Il faut que** vous expliqu**iez** votre parcours professionnel.

Formation

Présent de l'indicatif	Présent du subjonctif	Imparfait de l'indicatif
	que je parl**e**	
	que tu parl**es**	
	qu'il/elle parl**e**	
	que nous parl**ions** ←	nous parl**ions**
	que vous parl**iez** ←	vous parl**iez**
ils parl ent →	qu'ils/elles parl**ent**	

Présent du subjonctif
verbes irréguliers

être	avoir
que* je **sois**	j' **aie**
tu **sois**	tu **aies**
il/elle **soit**	il/elle **ait**
nous **soyons**	nous **ayons**
vous **soyez**	vous **ayez**
ils/elles **soient**	ils/elles **aient**

* **qu'** devant une voyelle : il faut **qu'**il/elle parle.

2. L'impératif des verbes pronominaux (rappel)

Donnez des conseils pour un entretien d'embauche. Utilisez les verbes suivants à la forme affirmative et négative.

Exemple : Décontracte-toi, ne te déconcentre pas !

se décontracter – se détendre – s'asseoir – se lever – se redresser – s'expliquer – se justifier – se renseigner – se concentrer

grammaire

3 Les pronoms relatifs *qui* et *que* (rappel)

a. Observez.
Je connais l'importance **que** vous attachez à la communication dans votre entreprise, comme le montrent la qualité et le nombre des personnes **qui** travaillent dans ce secteur.

> **LE PRONOM RELATIF *que****
> - est le complément d'objet direct du verbe qui suit :
> *L'importance **que** vous attachez…*
>
> **LE PRONOM RELATIF *qui***
> - est le sujet du verbe qui suit :
> *Le nombre des personnes **qui** travaillent…*

* **qu'** devant une voyelle ou un *h* muet

b. Transformez avec *qui* et *que*, selon le modèle.

Exemple : Je demande un poste. Il est au service communication
→ *Le poste **que** je demande est au service communication.*
→ *Je demande un poste **qui** est au service communication.*

1. Je mets mon tailleur noir. Il est classique.
2. J'ai lu un article sur l'emploi. Il est dans le journal de ce matin.
3. Au restaurant de l'entreprise, je mange du poulet. Il est très bon !
4. J'attends mon chef. Il est en retard.

c. Complétez les phrases.

1. L'entreprise …… m'a recruté, s'occupe de trouver des producteurs.
2. La lettre de motivation …… j'ai rédigée, me semble bien adaptée au profil du candidat recherché.
3. Les diplômes …… j'ai obtenus durant mes études universitaires, ne m'ont pas encore permis de trouver un emploi.
4. Les personnes …… travaillent dans ce secteur, ont fait des études de droit.
5. Les erreurs …… sont à éviter durant un entretien d'embauche, sont mentionnées dans le guide édité par notre agence.
6. N'oubliez pas la formule de politesse en fin de lettre …… est indispensable pour ce type de correspondance.

4 L'accord des participes passés

a. Observez.

1. **Je** suis parti**e** aux États-Unis.
   Elle est rentré**e** des États-Unis.
2. Vous devez mentionner **les études** que vous avez fait**es**.
   Votre **robe** rouge, vous **l'**avez mis**e** pour l'entretien ?
3. Vous **avez demandé** un stage au service communication. Vous **avez rédigé** votre C.V.

> **L'AUXILIAIRE *être***
> - accord avec le sujet du verbe :
> *il **est** rentré / elle **est** rentrée*
> *ils **sont** rentrés / elles **sont** rentrées*

> **L'AUXILIAIRE *avoir***
> - pas d'accord
> le COD est après le verbe ou absent :
> *il/elle **a** souri − ils/elles **ont** souri*
> *Elle **a** invité Lucie et Émilie.*
> - accord avec le complément
> le COD est avant le verbe :
> *Les amis que j'ai invités…*
> *Lucie et Émilie, je les ai invitées hier.*

b. Conjuguez le verbe entre parenthèses au passé composé et accordez le participe passé si nécessaire.

Exemple : : Valentine et le chef de service (entrer) dans le bureau. → ***sont entrés***

1. Hier soir Lucie (aller) à un entretien d'embauche. *est allée*
2. Lucie et Valentine (manger) au restaurant. *ont mangé*
3. La salade que Lucie (prendre) était trop salée. *prise*
4. J'ai acheté des oranges, je les (mettre) sur la table. *est mises*
5. Vincent et Émilie (partir) à Luchon en voiture. Lucie *partis* (prendre) le train, elle (avoir peur) des embouteillages. *pris a eu peur*

c. Mettez les terminaisons manquantes.

L'année dernière, Lucie a cherché… du travail. Elle a répondu… à une annonce qu'elle a vue… au CROUS. Elle a téléphoné…, elle a parlé… avec le chef de service. Le rendez-vous qu'elle a obtenu… était le lundi suivant. Pour cet entretien, elle a mis… une jupe qui était en cuir. Elle est entrée… dans le bureau, le chef de service et le directeur général étaient assis… en face d'elle, elle les a regardés…, elle leur a souri… et leur a serré… la main. Ils lui ont demandé… de se présenter. Elle a parlé… de ses études, de son parcours professionnel, des compétences qu'elle a acquises… Ils ont eu… l'air très intéressés.

situations

👄 PARLER

1. Un étudiant est candidat et répond à cette annonce, un autre est recruteur.

Imaginez un entretien d'embauche.
Vous jouez cette scène :

> ▶ Vous êtes jeune, dynamique, motivé !
> ▶ Vous avez le permis de conduire et vous aimez voyager.
> ▶ Votre rémunération sera intéressante et vous aurez des primes.

📖✏️ LIRE et ÉCRIRE

2. Lisez ces annonces et envoyez les lettres de motivation correspondantes.

A

CHARGÉS DE RECRUTEMENT STAGIAIRES (x3)

Fonction(s) / secteur(s) :
Ressources humaines, Recrutement
Région/pays : **Île-de-France**
Type d'offre : **Stage**
Expérience : **Indifférent**
Niveau d'études : **Bac+3, Bac+4 (souhaité)**

Lieu de travail : **Montigny-le-Bretonneux (78)**
Salaire : **1 500 euros/ mensuel**

Détail de l'offre :
Vous travaillerez en binôme avec un consultant et vous gérerez tout le processus de recrutement : diffusion des annonces, recherche et tri de CV, entretiens individuels…

Vous êtes dynamique, souriant(e) et vous avez le goût du contact humain, ce stage est pour vous ! De formation commerciale ou en Ressources Humaines – bac + 2 / bac + 4
Si vous êtes intéressé(e) par cette annonce, envoyez votre CV à : contact@le-étude-ingenierie.fr. ou contacter M. Jacques Legwen au 01.49.39.24.03

B

Responsable marketing et ventes du Parc Macroscope

Fonction(s) / secteur(s) : **Commerce, Distribution, Vente, Import-Export, Tourisme**
Région / pays : **Alsace**
Type de contrat : **CDI**
Expérience : **Entre 5 et 10 ans (obligatoire)**
Niveau d'études : **Bac + 5, Bac + 6 (souhaité)**
Lieu de travail : **Ungersheim**
Salaire : **à négocier**
Référence de l'offre : **P10/SAR/actu**

Mission : Rattaché au directeur du parc Macroscope, vous êtes responsable du lancement commercial et de la mise au point des offres commerciales afin de développer la fréquentation et le chiffre d'affaires du parc. Garant du positionnement et de l'image du site, vous élaborez et mettez en œuvre, à partir des objectifs fixés, les prévisions des ventes et le plan marketing : gammes pour les publics individuels, scolaires et groupes, canaux de vente et de communication, partenariats, opérations promotionnelles et événementielles, enquêtes clients, relations presse… Vous évaluez la rentabilité des actions menées.

📖 LIRE

3. a. Lisez cet article de presse.

PASSEZ AU TRAVERS DES MAILLES DU FILET…

L'entretien, c'est la touche finale. Souries, assurance, motivation et humour…
L'employeur ne doit pas douter une seconde que c'est vous qu'il faut.

Étape 1 : La prise de contact
Pas de nouvelles ? Appelez, cela montrera votre motivation. Si l'employeur vous téléphone, montrez-vous enthousiaste. Ne discutez pas l'heure et la date du rendez-vous, soyez disponible.

Étape 2 : La préparation
Potassez !!! Prenez un maximum de renseignements sur l'entreprise et le service, pour mener l'entretien le jour X. Relisez votre CV et essayez d'imaginer les questions que votre futur employeur pourrait vous poser.

Étape 3 : Les vêtements
N'ayez pas l'air endimanché ; soyez classe mais à l'aise. Ne portez pas un pantalon trop serré, des chaussures qui vous font mal ou encore un vêtement qui vous grossit. Adaptez-vous à la fonction : pour un cabinet d'avocats ou de notaire, un costume ; pour une boîte de design, des vêtements moins BCBG.

Étape 4 : La rencontre
Soyez en avance pour être plus calme et vous concentrer quelques minutes avant l'entretien. En entrant dans le bureau, soyez souriant, n'ayez pas le regard fuyant. Serrez la main du recruteur : évitez d'avoir la main molle, la poignée de main doit être ferme mais ne doit pas non plus briser la main de votre interlocuteur. Ne tutoyez pas votre interlocuteur. Tenez-vous droit et ne croisez pas les jambes, c'est un signe de nervosité.

Étape 5 : Les questions
L'employeur n'est pas là pour vous piéger mais pour vous tester. S'il vous bouscule, restez souriant et justifiez-vous avec calme et assurance. Ne racontez pas votre vie, c'est-à-dire évitez les détails, vous risquez d'ennuyer votre interlocuteur. Évitez aussi les silences. Il faut que vous soyez bref mais clair.

Étape 6 : L'argent
Vous pouvez parler d'argent mais à la fin de l'entretien. La question n'est pas tabou : vous ne passerez pas pour un opportuniste matérialiste, mais pour quelqu'un qui connaît sa juste valeur.

Étape 7 : Le départ
Rappelez à votre futur employeur que vous attendez sa réponse. En partant, serrez-lui la main et remerciez-le de vous avoir accordé cet entretien. Restez toujours souriant !

b. À partir de ce texte et de votre expérience personnelle, faites la liste de ce qu'il faut éviter et de ce qu'il faut faire pour réussir un entretien d'embauche.

c. Présentez votre liste à vos camarades et échangez vos points de vue.

d. Ces conseils sont-ils valables dans votre pays ?

À éviter	À conseiller
Il ne faut pas → discuter l'heure et la date du rendez-vous. → avoir l'air endimanché…	→ Il vaut mieux que vous vous montriez motivé(e)… → Il est préférable que vous soyez disponible…

🎧 ÉCOUTER

4. Écoutez ces entretiens d'embauche et remplissez, lorsque c'est possible, les fiches de présentation des candidats.

A FICHE DE RENSEIGNEMENTS
Nom :
Prénom :
Âge :
Situation familiale :
Célibataire : ☑   Marié : ☐
Divorcé : ☐
Enfants :
Poste :
Mission :
Entreprise :
Région :
Études / formation :
Expériences professionnelles :
Salaire :
Langues :
Informatique :
Divers :

B FICHE DE RENSEIGNEMENTS
Nom :
Prénom :
Âge : 45
Situation familiale :
Célibataire : ☐   Marié : ☐
Divorcé : ☒
Enfants : 2
Poste :
Mission :
Entreprise :
Région :
Études / formation :
Expériences professionnelles :
Salaire : 45.000
Langues :
Informatique :
Divers :

C FICHE DE RENSEIGNEMENTS
Nom : Gentil
Prénom : Hugues
Âge : 40
Situation familiale :
Célibataire : ☐   Marié : ☑
Divorcé : ☐
Enfants : 1 (5 ans)
Poste :
Mission :
Entreprise :
Région :
Études / formation :
Expériences professionnelles :
Salaire :
Langues :
Informatique :
Divers :

Documents

Vie pratique

Petits conseils pratiques pour apprenti stagiaire

La course aux stages : Vous pouvez répondre à des annonces. Les écoles et les universités ont un bureau spécialisé qui centralise les offres. Sur Internet, tous les sites d'emploi en proposent. Il existe également des sites spécifiques pour étudiants. (Ex. : www.letudiant.com). Vous pouvez également envoyer des candidatures spontanées. De nombreuses entreprises attendent d'être contactées directement. Elles demandent un CV, une lettre de motivation et, souvent, une photo d'identité.

Les formalités : La convention de stage est obligatoire. Elle remplace en quelque sorte le contrat de travail ; il faut la demander à l'école car ce n'est pas l'entreprise qui prend en charge les questions d'assurance. La rémunération peut représenter un vrai salaire, une simple indemnisation ou... rien du tout. Certaines entreprises considèrent que la chance d'avoir une expérience concrète sur son CV vaut un salaire. La durée du stage est à déterminer précisément avec l'employeur avant le début du stage.

En 2005, pour la première fois, un mouvement social de stagiaires baptisé « Génération précaire » a fait parler de lui dans la presse pour dénoncer les pratiques de nombreuses entreprises qui, pour des raisons économiques, « utilisent » des stagiaires pour occuper de vrais postes.

Vrai ou Faux ?

	V	F
a. Les stagiaires sont considérés comme des salariés normaux.		✓
b. Les stagiaires sont en général satisfaits de leur statut.		✓
c. Il existe une réglementation officielle concernant les stages en entreprises.	✓	
d. Les écoles et universités fournissent systématiquement un stage aux étudiants.		
e. Le stage permet d'avoir une première expérience pratique sur son CV.	✓	

L'œil du sociologue

Bienvenue dans la vie active

Depuis des années, les jeunes Français finissent leurs études de plus en plus tard et la fin de celles-ci ne coïncide plus toujours avec une entrée à plein temps dans la vie active. En effet, avant que le jeune travailleur ne se stabilise dans un emploi, il alterne souvent des périodes de travail à temps partiel, contrats courts, périodes de chômage, stages et reprise de formation. Cette évolution est liée à la situation difficile de l'emploi avec un chômage des jeunes en augmentation. Prolonger ses études, accumuler diplômes et expériences est un moyen d'échapper à l'angoisse du chômage et de s'assurer qu'on sera à la hauteur d'un marché du travail toujours plus exigeant.

Cependant, le recul de l'âge d'entrée dans la vie active à part entière participe aussi d'un profond changement de mentalité chez les jeunes, qui n'aspirent plus à se fixer aussi rapidement dans leur vie familiale et professionnelle. Il est depuis longtemps fréquent que les jeunes partent une année voyager, faire des petits boulots à l'étranger pour parfaire une langue étrangère ou tout simplement vivre une expérience : un moment de liberté difficile à placer après. Les jeunes savent également qu'aujourd'hui, on change de travail très régulièrement dans une carrière.

a. Les jeunes ont-ils du mal à trouver un premier emploi dans votre pays ?

b. Doivent-ils aussi accumuler diverses expériences, reprendre leurs études ou même changer de voie pour trouver un emploi ?

c. Est-il bien vu dans votre culture de prendre un temps de réflexion, une pause entre les études et la vie active ?

Le journal à plusieurs voix

valentinefoucault@caen.wanadu.fr : J'ai rencontré hier mon futur patron. Le trac que j'avais ! Je ne te dis pas.

Enfin, j'ai suivi les conseils qu'on m'a donnés : je suis arrivée à l'heure. Je n'étais pas énervée, ni essoufflée, mais j'avais quand même le trac.

Mon patron, il est gentil. Il m'a dit de m'asseoir. Il m'a posé des questions sur mes études. Heureusement, j'ai des appréciations très favorables de mes professeurs… Bref, ça s'est bien passé…

emilieletellier@franceville.hitmail.fr : Et tu avais mis quelle robe ? La rouge, j'espère.

valentinefoucault@caen.wanadu.fr : Qu'est-ce que tu crois ? J'ai mis une tenue décontractée, mais sérieuse…

J'oubliais de te dire. J'ai rencontré mes futurs collègues. Très sympathiques eux aussi. Ils m'ont offert un café, et on a pu discuter un peu.

Vous avez répondu à une offre d'emploi sur Internet.
On vous a convoqué(e) et vous racontez comment s'est passé l'entretien.

Le coin des livres

La Sieste assassinée, *Philippe Delerm*

Vous vouliez lui parler !?

La voix suave, qui vous oppose une fin de non-recevoir aseptisée – Monsieur… est en réunion. Il peut vous rappeler ? –, n'est pas la plus redoutable. Non, la secrétaire qui agace vraiment, c'est la bonne secrétaire. La fidèle, la compétente, celle qui-à-la-limite-connaît-mieux-la-vie-de-Monsieur…-que-Monsieur…-lui-même. On le sent tout de suite, l'anonymat du téléphone n'y peut rien ; dès la première phrase, elle vous soupèse. Vous n'aviez pas imaginé que Monsieur… fût une citadelle inexpugnable. Mais en quelques secondes, votre désir naïf devient presque un outrage.

— Vous vouliez lui parler !?

Et là, tout d'un coup, vous mesurez votre impudence, vous flageolez. Non, après tout, votre envie de contacter Monsieur… n'était pas si fondamentale, quelle mouche vous a donc piqué ? Un reste d'amour-propre vous pousse à refuser la voie de garage qui vous est proposée avec une condescendance un rien amusée, et l'emploi d'un imparfait rédhibitoire :

— C'était pourquoi, exactement ? Je peux peut-être vous aider ?

Ah ! Cet « exactement », comme il vous fouille au fond de l'âme ! Il n'y avait pas d'exactement, votre implacable confesseur l'a bien senti, et son « je peux peut-être vous aider ? » peut aisément se convertir en « vous feriez mieux de le laisser tranquille ». Vexé, vous pataugez :

— Non, c'était personnel. Je rappellerai plus tard.

Alors, le « comme vous voudrez » prend des accents d'obligeance blessée, de commisération presque amusée.

Plus tard, si le hasard fait de vous l'un des incontestables familiers de Monsieur…, la bonne secrétaire changera du tout au tout. Dès l'annonce de votre nom, vous aurez la stupeur d'entendre un « je vous le passe » dont l'enjouement badin voudra dire aussi : « Vous, au moins, vous connaissez le bon moment pour l'appeler. »

Mais tout au fond de vous, serez-vous si surpris ? On aimerait que tout cela soit très humain, mais ce n'est que rapport de force. L'intraitable Madame… sera devenue pour vous cette bonne Madame… Elle n'avait pas l'apanage de la prescience, car vous le saviez bien : l'excès de sa rigueur annonçait celui de sa servilité. C'est ce qui fait les bonnes secrétaires.

© Éditions Gallimard, « L'Arpenteur », 2001.

PHILIPPE DELERM

LA SIESTE ASSASSINÉE

L'ARPENTEUR

> **L'AUTEUR**

Spécialiste des textes courts. Il est enseignant et vit en Normandie. Il a connu son premier succès littéraire avec *La Première Gorgée de bière*.

> **LE LIVRE**

Recueil de souvenirs et impressions, tantôt venus de la mémoire de l'enfance, tantôt contemporains.

Répondez aux questions

a. De quelles façons l'auteur met-il en valeur le « pouvoir » de la secrétaire ?
b. Cette scène vous rappelle-t-elle des souvenirs personnels ?

UNITÉ 2 Entreprendre

oral

Aider les jeunes à monter une entreprise

LE CONSEILLER : Donc, vous avez l'intention de créer votre entreprise. Et dans quel secteur ?
SÉGOLÈNE : Dans le secteur de la mode…
LE CONSEILLER : C'est un secteur dynamique où il y a pas mal de concurrence… Vous avez bien sûr des compétences dans le domaine ?
SÉGOLÈNE : Oui, j'ai un diplôme de styliste, et l'amie avec laquelle je monterai cette entreprise a fait de la gestion.
LE CONSEILLER : Et en quoi peut-on vous aider ?
SÉGOLÈNE : J'aimerais avoir votre avis sur le projet lui-même. Pouvez-vous nous dire, par exemple, quelles sont les précautions à prendre, et quels sont les risques ?
LE CONSEILLER : Il me semble qu'à deux, vous aurez les compétences nécessaires. Mais bien sûr, il faut vérifier si votre projet correspond bien à une clientèle…
SÉGOLÈNE : Nous ferons une étude de marché, il nous semble déjà que beaucoup de jeunes cherchent des vêtements à la fois classiques et originaux.
LE CONSEILLER : Et comment comptez-vous financer ce projet ?
SÉGOLÈNE : Justement, nous aimerions savoir s'il faut un capital important au départ.
LE CONSEILLER : Pas nécessairement. Aujourd'hui, il existe de nouvelles dispositions grâce auxquelles on peut créer une entreprise avec un euro !
SÉGOLÈNE : Et à qui peut-on s'adresser pour obtenir un financement ?
LE CONSEILLER : Les banques, la Région, certaines associations peuvent vous accorder des prêts.
SÉGOLÈNE : Vous pourriez nous dire quels sont les prêts avantageux dans notre cas ?
LE CONSEILLER : Pour cela, il faut que vous présentiez un projet plus complet. Je vous donne un dossier où vous trouverez la liste des documents dont nous avons besoin pour l'étude, et je vous propose qu'on se revoie dans deux semaines…

> **L'interrogation indirecte :**
Pouvez-vous nous dire quelles sont les précautions à prendre ?

> **Les relatifs *dont* et *où* :**
Vous trouverez la liste des documents **dont** nous avons besoin.

C'est un secteur **où** il y a pas mal de concurrence.

écrit

Une nouvelle griffe à Lyon

Anne-Cécile et Ségolène viennent de créer leur griffe qui sera vendue dans leur nouvelle boutique « Caroline des îles ».

Anne-Cécile et Ségolène se sont rencontrées à l'occasion d'un défilé de mode, il y a maintenant dix-huit mois. Leur entente a été immédiate. Ségolène est styliste. Elle a déjà dessiné des modèles pour Combines. Anne-Cécile, elle, a fait des études commerciales car être créateur aujourd'hui, ça ne suffit plus. Pour se lancer, il faut aussi avoir des compétences en gestion !

Être deux, ça permet aussi de s'épauler. On ressent moins de stress et quand l'une est fatiguée, l'autre prend la relève.

Il faut bien sûr trouver la bonne répartition des tâches, et surtout, il faut bien s'entendre et avoir confiance l'une en l'autre.

La chambre de commerce de Lyon leur a par ailleurs accordé un prêt, grâce auquel elles vont pouvoir commencer sereinement leurs activités…

Et puis, un détail intéressant : l'une est petite et menue, l'autre grande et sportive. Elles essaient donc elles-mêmes tous les vêtements qu'elles créent…

Il nous reste à leur souhaiter bonne chance… et un bon chiffre d'affaires !

activités

1. Relevez tous les termes relatifs à l'entraide et à l'amitié.
2. Donnez des synonymes du mot *griffe*.
3. Souvenez-vous des adjectifs pour décrire l'aspect physique et les vêtements.

> **Les relatifs composés :**
> Il existe de nouvelles dispositions grâce **auxquelles** on peut créer une entreprise avec un euro.

OUTILS vocabulaire

1. L'entreprise et son environnement

Le marché de l'entreprise : à partir de l'observation de ce schéma, définissez chacun des termes. Puis expliquez à votre manière ce qu'est *une étude de marché*.

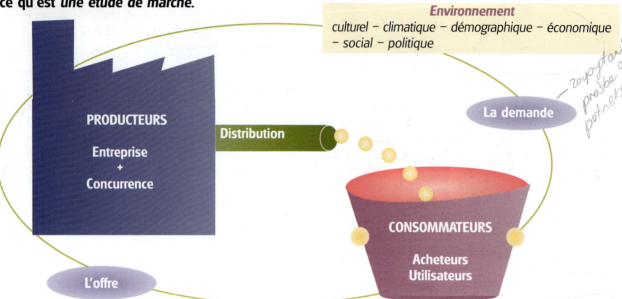

Environnement
culturel – climatique – démographique – économique – social – politique

PRODUCTEURS
Entreprise + Concurrence

Distribution

La demande

CONSOMMATEURS
Acheteurs
Utilisateurs

L'offre

2. Qu'est-ce que le *marketing* ?

Laquelle de ces trois définitions du marketing vous paraît-elle la plus juste ?
Justifiez votre réponse.

« Le marketing est la mise en marche de toutes les activités commerciales qui orientent les flux de biens et services du producteur au consommateur ou à l'utilisateur final. »
American Marketing Association

« Le marketing est la conquête bénéfique des marchés. »
Bernard Krief

« Le marketing management, c'est l'analyse, la planification, l'application et le contrôle de programmes conçus pour créer, développer et maintenir un courant d'échanges mutuellement satisfaisants avec les marchés visés afin d'atteindre les objectifs d'une organisation. Il repose sur une étude approfondie des besoins, désirs, perceptions et préférences de la cible et des marchés intermédiaires afin d'optimiser autant que possible la conception du produit, son prix, sa communication et sa distribution. »
Philip Kotler
in Mercator, *Théorie et Pratique du marketing*, Dalloz

3. Les chiffres de l'entreprise

Associez les termes à leurs définitions.

1. les bénéfices
2. le chiffre d'affaires
3. l'amortissement
4. les coûts fixes
5. les coûts variables
6. les impôts et les taxes
7. les recettes
8. les dépenses
9. le capital social

a. la somme d'argent encaissée
b. des sommes d'argent encaissées par l'État
c. le remboursement de ce qui a été investi
d. la somme d'argent à payer quelle que soit l'activité
e. le capital immobilisé pour la création de l'entreprise
f. la différence entre les recettes et les coûts de production
g. les recettes totales annuelles
h. une dépense qui varie selon le volume d'activité
i. l'ensemble des frais de l'entreprise

vocabulaire

4 Le financement

Complétez les deux textes avec les expressions et mots suivants. Certains mots apparaissent plusieurs fois.

a. Jeunes créateurs, faites une demande de prêt !

> compte d'exploitation – capital – prêt – budget – recettes – dépenses – bilan – investir – comptes

Une vieille expression française nous disait qu'« en France, on n'a pas de pétrole, mais on a des idées ». Hélas, les idées ne peuvent voir le jour sans un minimum de ……… à investir. Il s'agit donc pour les jeunes créateurs de bien ficeler le projet pour obtenir un ……… : prévisions de ………, ……… simulés, ……… et ……… estimées à court et moyen terme, etc. Votre banquier peut vous aider à ……… Il dressera avec vous une simulation de ……… et de ……… avant de vous proposer un financement.

b. Obtenir un prêt.

> commissions – emprunt – échéances – amortissement – taux – souscrire – prêt – taux d'intérêt – conditions – financement

Un ……… est également appelé ……… Il vous sera attribué à un ……… adapté et pour une durée vous permettant de supporter les ……… Faites bien attention aux ……… d'ouverture de dossier et d'……… anticipé. Le seul moyen pour choisir entre plusieurs banques est de comparer le T.E.G., c'est-à-dire le ……… effectif global. Enfin, n'oubliez pas que les banques ne sont pas les seules sources de ………, et que vous pouvez ……… sous certaines ……… un emprunt d'État à un taux préférentiel.

phonétique

L'accentuation

1 a. Écoutez : pour chaque mot, soulignez la syllabe accentuée. 🎧

Exemple : cr<u>é</u>er – cré<u>a</u>tion

1. associer – association
2. entreprendre – entrepreneur
3. étude – étudier
4. consommer – consommateur
5. nécessaire – nécessairement
6. original – originalité
7. financer – financement
8. présenter – présentation
9. démographe – démographique
10. fatigue – fatigué

b. Puis lisez les mots en accompagnant d'un « clap » la syllabe accentuée.

2 Même exercice. 🎧

Exemple : 1. Je suis con<u>tente</u>.
2. Je suis contente de vous <u>voir</u>.
3. Je suis contente de vous voir tous les <u>deux</u>.

a. 1. Il pen<u>se</u>.
2. Il pense <u>bien</u>.
3. Il pense bien à <u>vous</u>.

b. 1. Vous trouverez la <u>liste</u>.
2. Vous trouverez la liste des <u>documents</u>.
3. Vous trouverez la liste des documents dont nous avons be<u>soin</u>.

c. 1. Je suis créatrice.
2. Je suis créatrice de mode.
3. Je suis créatrice de mode à Lille.

d. 1. C'est une entreprise.
2. C'est une entreprise qui marche.
3. C'est une entreprise qui marche bien.

e. 1. C'est un secteur.
2. C'est un secteur dynamique.
3. C'est un secteur dynamique où il y a pas mal de con<u>currence</u>.

3 Quelle conclusion tirez-vous des exercices 1 et 2 ?

OUTILS — grammaire

1. L'interrogation indirecte

a. Observez.

Pouvez-vous nous dire **quelles sont** les précautions à prendre, et **quels sont** les risques ?

Interrogation directe	Interrogation indirecte	
	Introducteur	Interrogation
– Intonation montante *Votre société ferme ?*	*Savez-vous…*	*…si votre société ferme.*
– Inversion verbe-sujet *Avez-vous un projet ?*	*J'aimerais savoir…*	*…si vous avez un projet.*
– « Est-ce que » *Est-ce que vous avez un capital ?*	*Dites-moi…*	*…si vous avez un capital.*
– Adverbe interrogatif *Quand pourrai-je commencer mon activité ?*	*Je me demande…*	*…quand je pourrai commencer mon activité.*
– Pronom interrogatif *Qu'est-ce que je vais faire ?*	*Je ne sais pas…*	*…ce que je vais faire.*

b. Transformez ces questions en interrogations indirectes.

1. Est-ce que vous pourrez venir avec moi ? → Je me demande …si vous pourrez venir avec moi.
2. Où as-tu mis les dossiers ? → Dis-moi ……
3. Qu'est-ce que vous voulez ? → Sais-tu ce que tu veux.
4. A-t-il une idée de l'argent qu'il faudrait pour mettre en place son projet ? → Nous aimerions savoir …s'il…
5. Vous avez oublié vos documents ? → Je ne sais pas si …vous avez oublié.
6. Pourrais-tu me prêter de l'argent ? → Sais-tu …si tu pourrais.

c. Transformez ces questions au style indirect.

1. Avez-vous des questions ?
2. Quand comptez-vous lancer l'activité ?
3. Que voulez-vous de plus ?
4. Est-ce qu'il y a des aides à la création d'entreprise ?

c. Construisez des phrases en associant les différents éléments.

1. La mode
2. Le public
3. Le banquier
4. L'association
5. Le pays
6. La banque
7. Les prêts

(qui / que / dont / où)

a. m'intéresse le plus, c'est celui des jeunes !
b. m'a recommandé mon père est très sympa.
c. la vie est moins chère !
d. l'on m'a accordés sont suffisants.
e. les jeunes raffolent, c'est le sportswear.
f. travaille M. Jacquemin est le Crédit du Nord.
g. je rêve de m'installer, c'est le Canada.
h. m'a reçue m'a bien conseillée.

2. Les pronoms relatifs *où* et *dont*

a. Observez.

C'est un secteur **où** il y a pas mal de concurrence.
Voici la liste des documents **dont** nous avons besoin.

b. Complétez par *où* ou *dont*.

1. Je connais le style …dont… les jeunes ont envie.
2. « Active » est une association …où… l'on trouve de bons conseils.
3. Le financement à long terme est une chose …dont… nous n'avons pas encore parlé.
4. Ce prêt initial représente le capital initial …dont… j'ai besoin.
5. Je n'attends pas de bénéfices pour l'année …où… je commencerai mon activité.

> **Où REMPLACE :**
> • un complément de lieu ou de temps
> Ségolène habite **à Paris**. Paris est la ville **où** elle habite.
> Anne-Cécile est née **en 1982**. 1982 est l'année **où** elle est née.

> **Dont REMPLACE :**
> • le complément d'objet d'un verbe suivi de la préposition **de**
> J'ai besoin **de** repos. C'est la chose **dont** j'ai le plus besoin.
> Parler de… Avoir besoin de… Permettre de…
> Penser de…

grammaire

d. Que de choses à faire ! Répondez aux questions en utilisant un relatif.

1. — Vous vous occuperez vous-même des comptes ?
   — Oui, c'est une chose ....
2. — Vous n'avez pas peur d'être débordée de travail ?
   — Non, le travail est une chose ....
3. — Et vous n'avez pas trop peur des concurrents ?
   — Si, bien sûr, mais ce .... j'ai le plus peur, c'est ....
4. — Vous aimeriez travailler au Canada ?
   — Ah oui ! surtout au Québec. C'est une région ...... les gens sont sympathiques.

e. Complétez le texte suivant avec des pronoms relatifs.

Comme pour tous les produits destinés à la grande consommation, la mode est un secteur ...... la concurrence est redoutable, et ...... demande de bien étudier tous les paramètres avant de se lancer.
Le public ...... les designers préfèrent, c'est celui des jeunes. Mais les jeunes créateurs oublient souvent que nous nous habillons tous, et que les quadragénaires sont ceux ...... ont le plus fort pouvoir d'achat. On les trouve principalement dans les grandes villes, ... les grands magasins abondent et ...... les prix sont accessibles. Les femmes sont souvent celles ...... décident des vêtements ...... portent leurs enfants et les hommes ...... elles aiment. Ce sont donc elles ...... sont les prescriptrices du secteur ; un élément ...... il ne faut pas oublier et ...... il faut tenir compte.

3 Les pronoms relatifs composés

a. Observez.

C'est le prêt **avec lequel** j'ai financé mon projet.

Moyens	Les relatifs composés		
		masculin	féminin
dans sur avec grâce à ... +	Singulier	lequel	laquelle
	Pluriel	lesquels	lesquelles
	Singulier	auquel	à laquelle
	Pluriel	auxquels	auxquelles
	Singulier	duquel*	de laquelle*
	Pluriel	desquels*	desquelles*

*Attention !
Aujourd'hui, on utilise plutôt le relatif simple *dont*.

b. Transformez les phrases suivantes en utilisant un pronom relatif composé.

Exemple : Ségolène a une amie. Elle va créer son entreprise avec cette amie.
→ Ségolène a une amie **avec laquelle** elle va créer son entreprise.

1. Il y a des organismes qui proposent des aides à la création d'entreprise. Vous pouvez leur demander de l'aide.
2. J'ai aussi des amis mannequins. Je peux compter sur eux pour les premiers défilés.
3. Les enfants demandent souvent de l'aide à leurs parents. Ceux-ci sont souvent trop occupés.
4. Je crée mon entreprise avec Ségolène. Elle a travaillé chez *Combines*.
5. J'aimerais travailler dans une société internationale. Dans cette entreprise, je pourrais parler plusieurs langues.

c. Complétez les phrases suivantes par un pronom relatif composé.

1. Le secteur .... vous vous adressez n'est-t-il pas trop saturé ?
2. Ce sont des choses .... je pense souvent.
3. Le marché sur .... vous vous lancez est-il porteur ?
4. Mon amie a déjà dessiné des modèles pour *Combines*, ... ont été très appréciés.
5. Le dossier .... je me suis servi pour ma présentation est très complet.
6. Les amis ...... je pense, pourront m'aider dans mon projet.
7. La société pour .... je travaille est internationalement connue dans le secteur du textile.

d. Dans les phrases suivantes, remplacez les relatifs simples par des composés.

1. C'est le banquier grâce à qui j'ai pu obtenir le prêt.
2. La styliste dont M. Langlois s'est occupé, est Ségolène.
3. La clientèle est majoritairement composée de femmes, qui habitent dans des grandes villes.
4. Les boutiques dont les jeunes sont adeptes sont souvent de marques étrangères.
5. Les chanteurs adoptent des images personnelles qui inspirent souvent les jeunes.
6. Je vous présente les amis avec qui j'aimerais beaucoup travailler.

situations

Comme vous l'a demandé le banquier, vous allez élaborer le dossier de présentation de votre entreprise.
Celui-ci sera composé de deux grandes parties :
1. le marketing-mix, qui détaillera l'activité et les produits de l'entreprise ;
2. le budget prévisionnel, avec une estimation des dépenses et des recettes.

📖 LIRE

1. Le marketing-mix
a. Un peu de théorie…

▶ **Produit**
Le type de produit, l'étendue de la gamme, les tailles, Les coloris, les styles, les collections…

▶ **Prix**
Positionnement de prix, évaluation des coûts de production (matières premières et main-d'œuvre), marges et rentabilité…

▶ **Force de vente**
Équipe commerciale, outils de vente…

▶ **Distribution**
Réseau de distribution : grands magasins, boutiques spécialisées…

▶ **Communication**
Publicité, relations publiques, promotions…

Le mix en 5 phases
- Produit
- Prix
- Force de vente
- Distribution
- Communication

b. Déterminez votre style ! Choisissez la tendance !

L'Afrique, c'est BCBG !

Les créateurs de mode sont inspirés par le continent africain. Ce sera la tendance de l'été prochain.
Les grands distributeurs reprennent cette tendance, et vous ne pourrez échapper aux robes, aux tops, aux accessoires… aux couleurs de l'Afrique. Apportez votre petit côté safari aux soirées les plus chics.

Mode Champêtre

À la ville, on aime la campagne, un esprit rafraîchissant avec des motifs fleuris et des tissus légers et fluides très féminins : de la soie, du lin…
Les créateurs de mode répondent à une envie de nature et de liberté.
Vous aussi, affichez votre petit côté écolo dans le Quartier latin à Paris.

Mode Gitane

Sortez votre roulotte et vos castagnettes, la mode aime l'esprit Gipsy. Une mode à l'accent tzigane avec des motifs brodés, des couleurs et de la fantaisie. Découvrez notre sélection bohème adaptée à la ville.

Mode Farniente

En été, l'atmosphère est à la paresse, au bien-être, aux soins et à la volupté. Les tons sont beiges, noirs, ocre et jaunes, rehaussés de petites touches de « pierres précieuses ». Les modèles sont amples ; les tissus sont souples… pour mieux vous prélasser dans votre hamac.

✏️ ÉCRIRE

c. Par groupe de deux, élaborez votre marketing-mix !

2. Établissez le budget !
Pensez bien à l'ensemble des frais (matières premières, machines, location de la boutique, salaire du personnel, frais d'enregistrement de l'entreprise, consommation d'énergies…) **et faites miroiter les recettes** (ventes) **!**

👄 PARLER

3. Prenez rendez-vous avec le banquier. Votre projet est enfin prêt à être présenté.
Enthousiaste, vous téléphonez à la banque pour prendre un rendez-vous et négocier votre prêt.

4. Le grand jour est arrivé : vous présentez ensemble votre projet à un banquier.

🎧 ÉCOUTER

5. Par où commencer ?
Écoutez ce bulletin radiophonique « Entreprises », puis répondez aux questions.
a. Dites si les affirmations suivantes sont vraies ou fausses, et rectifiez si nécessaire.

	V	F
1. Les aides à la création d'entreprise sont peu nombreuses.	☐	☐
2. Le nouveau service de la CCI s'appelle Sémaphore.	☐	☐
3. Les aides proposées sont exclusivement nationales.	☐	☐
4. Toutes les régions françaises sont concernées.	☐	☐
5. Attention, l'information n'est pas toujours à jour.	☐	☐
6. Les CCI proposent des prêts à des taux imbattables.	☐	☐
7. Les informations sont classées par code d'activité.	☐	☐

b. Écoutez à nouveau l'enregistrement et notez bien l'adresse Internet :
http://……………………………………………………………………

/ = barre
: = deux points
. = point

📖 LIRE SUR INTERNET

6. a. Visitez le site des chambres de commerce et d'industrie françaises pour rechercher les aides et financements les mieux adaptés à votre projet.

b. À tour de rôle, les étudiants exposent à la classe les résultats de leurs recherches et les comparent.

Quelques extensions francophones du net :
.fr = FRANCE   .ch = SUISSE
.be = BELGIQUE .qc.ca = QUÉBEC

Le saviez-vous ?
Le français est la deuxième langue la plus utilisée sur Internet, après l'anglais et juste avant l'espagnol.

Documents

Vie pratique

Quelques pistes pour réaliser vos projets

Plusieurs dispositifs d'aide existent.

« Paris Jeunes Talents » a été mis en place par la mairie de Paris. Le concours s'adresse aux jeunes de 13 à 28 ans qui vivent, travaillent ou étudient dans la capitale. Ce dispositif permet à des jeunes de réaliser leur passion ou de s'engager sur la voie de la professionnalisation dans les domaines du spectacle vivant : théâtre, danse, mime, cirque, arts de la rue et de la musique. Il vous permet d'obtenir des aides et des prix et vous propose « Scèn'Expos », une sorte de festival pour rencontrer le public.

Le jury des aides « Paris Jeunes Talents » se réunit deux fois par an, en mars et en novembre.
Le jury des prix « Paris Jeunes Talents » se tient au mois de mai.

© Mairie de Paris 2002. Droits réservés.

« Envie d'agir » est un groupement de tous les dispositifs pour l'engagement et l'initiative des jeunes, gérés par le ministère de la Jeunesse, des Sports et de la Vie associative. Le programme « Envie d'agir » est destiné aux 11-30 ans, il met à la disposition des jeunes des aides méthodologiques, financières et des concours pour réaliser leurs projets, qu'ils soient artistiques, sociaux, économiques, humanitaires… Les aides peuvent être apportées par le département, la région ou prendre une envergure nationale et européenne.

Quatre sections sont représentées : Engagement (1er prix de 2 500 €), Défi jeunes (1er prix de 4 000 €), Entrepreneuriat (1er prix de 10 000 €), Volontariat (1er prix de 5 000 €), Europe (1er prix de 4 000 €).

Répondez aux questions en vous appuyant sur les textes ci-contre.

a. Le dispositif « Paris Jeunes Talents » permet-il aux jeunes artistes de faire de la scène pour se faire connaître ?

b. Le dispositif « Paris Jeunes Talents » prévoit-il des récompenses pour les talents sportifs ou commerciaux ?

c. Le dispositif du ministère de la Jeunesse et des Sports est-il plus large que celui de la mairie de Paris ?

d. Qu'apporte le dispositif du ministère de la Jeunesse et des Sports, en plus de l'aide financière ?

L'œil du sociologue

Création d'entreprises

Par secteur en %	2000	2002	2004
Construction	14,7	14,2	15,6
Commerce	26,6	26,6	26,9
Transports	2,6	2,5	2,2
Activités immobilières	3,4	3,6	4,1
Services aux entreprises	18,6	18,2	19,2
Services aux particuliers	19,1	19,9	18,1
dont hôtels, cafés, restaurants	11,1	11,5	10,3
Éducation, santé, action sociale	7,5	8,0	7,1
Ensemble (nombre)	270 043	268 459	318 757

Source : Insee, Répertoire des entreprises et des établissements

Portrait-robot de l'entrepreneur

C'est un homme, âgé de 25 à 45 ans. Il a fait des études courtes (plutôt bac + 2), en général, en économie ou en gestion. Il a occupé un emploi entre ses études et la création d'entreprise, il est souvent un ancien chômeur. Le goût d'entreprendre est son premier moteur. Il a fait appel à des conseillers pour mettre en place son projet et la plus grande difficulté qu'il a rencontrée, c'est la lourdeur des démarches auprès des banques et de l'administration.

a. Quels commentaires pouvez-vous faire sur le tableau ?

b. Selon vos connaissances, que pouvez-vous faire comme comparaisons avec la situation dans votre pays ?

c. À votre avis, le portrait-robot de l'entrepreneur de votre pays serait-il proche de celui-ci ? (Si possible, faites une petite recherche.)

Le journal à plusieurs voix

emilieletellier@franceville.hitmail.fr : Formidable ! Je suis tellement contente pour toi. Ton frère m'a envoyé l'article de *Madame Figaro*. Tu peux me dire ce que ça fait d'avoir sa photo dans le journal ?

segolenemorvan@nice.hitmail.fr : J'avais du mal à y croire. J'ai l'impression que c'est quelqu'un d'autre. Mais j'ai encore le trac. C'est tout de même une aventure.

emilieletellier@franceville.hitmail.fr : Moi, je t'envie. Je me demande si je serai capable d'en faire autant un jour.

segolenemorvan@nice.hitmail.fr : Évidemment ! Avec tous les projets dont tu m'as déjà parlé…

emilieletellier@franceville.hitmail.fr : Oui, les projets, c'est bien. C'est vrai, j'ai des tas d'idées. Mais le plus difficile, c'est de les réaliser… Et puis, il faut que je finisse mes études.

segolenemorvan@nice.hitmail.fr : Ça n'empêche pas de réfléchir à des projets. Tiens, si tu as des idées, n'hésite pas à me les envoyer.

emilieletellier@franceville.hitmail.fr : C'est noté ! Pour le moment, je suis prête à t'aider en testant tous tes modèles.

Une création d'entreprise, c'est aussi la création de nouveaux emplois. Entrez sur le forum et proposez vos services à Ségolène.

Le coin des livres

14,99€[1], *Frédéric Beigbeder*

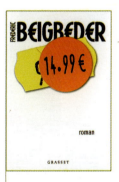

De retour à Paris, nous trouvâmes sur nos ordinateurs cette circulaire e-mailée à tous les employés de Rosserys & Witchcraft Monde (probablement rédigée par un logiciel de traduction automatique) :

    Chers amis du groupe Rosserys & Witchcraft,
L'une de mes obligations principales envers nos clients, nos actionnaires et chacun d'entre vous est d'indiquer le futur de Rosserys & Witchcraft. Ces dernières années, nous avons tous eu la chance de bénéficier d'une qualité de managers exceptionnelle. Un groupe d'individus de talent qui nous a permis d'atteindre nos objectifs en tant que spécialistes du marketing global et intégré tout en transformant notre groupe en un leader communicationnel de premier plan. Aujourd'hui je reconnais leur importance dans notre succès et je prépare le terrain pour la vitalité de Rosserys & Witchcraft dans le prochain millénaire.

    C'est avec une grande satisfaction et fierté que je vous annonce la nomination de Jean-François Parcot au poste de Président-Directeur Général de Rosserys Paris. Philippe Enjevin est promu au poste de Président Europe avec le titre de Chairman Emeritus. Ces nominations sont effectives immédiatement. En tant que Chairman Emeritus, Philippe pourra passer plus de temps à faire ce qu'il aime – travailler activement à apporter sur le marché une qualité supérieure de communication intégrée aux résultats globaux.

    Le nouveau poste de Jean-François lui permettra de se concentrer sur ce qu'il fait le mieux – travailler avec nous à élever la qualité et la nouveauté stratégique que nous apportons dans notre souci de croissance internationale. Jean-François a su revitaliser le budget Madone depuis 1992 avec son sens du dynamisme et sa puissance de travail.

    Je tiens à remercier ici personnellement Philippe pour son immense réussite à la tête de notre filiale française. Aucun doute qu'il saura faire profiter le réseau européen de sa connaissance du terrain et de notre portefeuille de clientèle.

© GRASSET, 2000.

1. Titre initial : « 99 francs ».

> **L'AUTEUR**
> Frédéric Beigbeder a travaillé dans trois agences de publicité réputées. Il est également chroniqueur littéraire dans les medias. *14,99 €* a été adapté au cinéma sous le titre *99 F* (2007). Le film est réalisé par Jan Kounen (*Blueberry*) et le héros est interprété par Jean Dujardin.

> **LE LIVRE**
> Frédéric Beigbeder raconte l'histoire d'Octave, nabab de la publicité. En riant, il dénonce le mercantilisme universel.

a. Relevez les éléments caricaturaux de ce texte.
b. Comment sent-on rapidement que c'est un discours creux, sans sincérité ?

3 UNITÉ Droit et travail

oral

Trois chaînes 🎧
Informations régionales
Menace de grève à l'usine SO-6 de Strasbourg

LE PRÉSENTATEUR : Un préavis de grève de 48 heures a été déposé par les syndicats CGT et CFDT de l'usine de SO-6 pour après-demain. Une rencontre s'est tenue aujourd'hui à 18 h 30 entre les salariés et la direction. Nous écoutons notre correspondant sur place, qui a interrogé les syndicats et la direction à la sortie de cette réunion.

LA JOURNALISTE : Vous avez donc été reçus par le directeur.

LE REPRÉSENTANT SYNDICAL : Nous avons dénoncé les mesures qui ont été prises par la direction, et qui vont à l'encontre de l'intérêt des salariés. Nous souhaiterions qu'ils reconsidèrent leur position.

LA JOURNALISTE : Et comment vos revendications ont-elles été accueillies par la direction ?

LE REPRÉSENTANT SYNDICAL : SO-6 a proposé d'ouvrir des négociations, mais nous attendons des mesures concrètes… Il est urgent que les demandes des salariés soient prises en considération et que la direction fasse des propositions. Pour le moment, rien n'est fait.

LA JOURNALISTE : Monsieur Strauss, vous avez entendu la demande des syndicats. Pourriez-vous dire ce que vous comptez faire pour sortir de cette crise ?

LE DIRECTEUR DE L'ENTREPRISE : Je suis évidemment prêt à engager une discussion avec les partenaires sociaux.

LA JOURNALISTE : Pouvez-vous garantir que personne ne sera licencié ?

LE DIRECTEUR DE L'ENTREPRISE : Écoutez, négocier c'est faire un pas l'un vers l'autre. Nous serions prêts à revoir les mesures que nous avons proposées. Mais il faudrait que les salariés tiennent compte des difficultés actuelles de l'entreprise…

LA JOURNALISTE : Les demandes des syndicats ne seront sans doute pas faciles à satisfaire dans le contexte actuel, car le chiffre d'affaires de l'entreprise a baissé de 27% par rapport à l'année dernière. Et la position des syndicats est ferme : si aucune mesure n'est prise, ils feront grève…

> **Le subjonctif :**
Il est urgent que les demandes des salariés **soient** prises en compte.

> **Le passif :**
Un préavis **a été** déposé **par** les syndicats

> **La négation en position sujet :**
Rien n'est fait.

écrit

Appel à tous les salariés

La direction nous cache la vérité !

Depuis un an, les ventes de SO-6 sont en baisse. Plusieurs salariés se sentent menacés et craignent de perdre leur emploi.

Aucune prime n'a été versée cette année, et les avantages acquis sont remis en question.

Nous dénonçons :
- le manque de dynamisme de la direction, qui n'a pas su trouver de nouveaux marchés ;
- l'indifférence du gouvernement qui n'envisage rien pour aider notre usine à sortir de la crise.

Nous exigeons qu'une négociation soit immédiatement ouverte avec les organisations syndicales et que la direction prenne acte de nos revendications.

Nous n'acceptons aucun licenciement ; aucun départ à la retraite anticipée sans concertation avec les salariés concernés.

Si aucun signe de dialogue n'est donné par la direction, nous appellerons l'ensemble des salariés à une grève illimitée à compter du 18 novembre à 8 heures et à une manifestation le 20 novembre, place de la Cathédrale à 14 heures.

Notre travail est menacé, Sauvons-le !

activités

1. Relevez les termes relatifs aux conflits du travail.

2. Observez les formes verbales. Que remarquez vous ?

3. Parlez des actions syndicales de votre pays.

> **Le conditionnel présent :**
> **Nous serions** prêts à revoir les mesures que nous avons proposées.
>
> Mais **il faudrait** que les salariés **tiennent** compte des difficultés actuelles de l'entreprise...

UNITÉ 3 / Droit et travail

OUTILS — vocabulaire

1. Le salaire

La fiche de paie / le bulletin de paie[1]

* rémunération brute ou salaire / traitement brut

* cotisations patronales ou charges patronales

* assurance maladie : pour le remboursement des soins médicaux, ou le versement d'indemnités journalières si l'on est malade

* assurance vieillesse : cotisation pour la retraite

* CSG : contribution sociale généralisée

DÉSIGNATION	MONTANT À AJOUTER	MONTANT À DEDUIRE	COTISATIONS PATRONALES*
RÉMUNÉRATION* MENSUELLE BRUTE	1 400,00		
RETENUES Sécurité sociale			
Assurance maladie		10,50	179,20
Assurance vieillesse		94,50	138,60
Allocations familiales			75,60
Assurance chômage ASSEDIC		34,16	56,56
CSG* non déductible		32,86	
CSG déductible		69,82	
Contribution solidarité		6,85 (CRDS)	
Transport...		26,25	
REVENU en euros ... NET FISCAL :	du mois 1 126,48		NET A PAYER : 1 113,03

* net à payer ou salaire net

1. On dit aussi *bulletin de salaire*.

2. Les syndicats

Principaux syndicats de défense des droits des salariés

La CFDT
Confédération française démocratique du travail

La CGT
Confédération générale des travailleurs

La CNT
Confédération nationale des travailleurs

FO
Force ouvrière

3. Le monde des salariés

a. Choisissez le bon verbe.
Attention : plusieurs réponses possibles !

1. être / passer / réussir / prendre — licencié
2. manifester / faire / être / avoir — grève
3. faire / penser / déposer / administrer — un préavis de grève
4. prendre / passer / verser / percevoir / toucher — un salaire
5. partir / prendre / déposer / prévoir — sa retraite

vocabulaire

b. Complétez les articles de journaux avec les expressions et mots suivants :

grève – principaux syndicats – licenciements – négocierait – représentants – négociations – reconductible – revalorisation – travail – salaires

1. Les TGV ont été paralysés hier toute la journée par un arrêt de …… à l'appel des …… Les revendications des grévistes portent sur la revalorisation des …… La direction de la SNCF a annoncé aux …… syndicaux qu'elle réunirait les organisations syndicales pour des …… courant octobre.

2. La Poste est en …… depuis 15 jours. En effet, il y aurait à la Poste des menaces de …… La CGT et la CFDT appellent les salariés à une grève d'une semaine ……

3. Le gouvernement a annoncé qu'il …… avec les syndicats des salariés de la fonction publique une …… des salaires et une réduction des charges sociales.

c. Complétez le tableau.

Substantifs (noms)	Verbes
1. réunion (une)	réunir
2. négociation (une)	négocier
3. revalorisation (une)	revaloriser
4. licenciement (un)	licencier
5. manifestation (une)	manifester
6. une concertation	concerter
7. direction (une)	diriger
8. revendication	revendiquer
9. une considération	considérer
10. proposition (une)	proposer
11. un engagement	engager

d. Rédigez un tract d'appel à la grève en utilisant le vocabulaire de cette unité.

phonétique

La liaison et les niveaux de langue

> **LA LIAISON**
> • est l'enchaînement d'une consonne muette avec le son de voyelle suivant.
> *Exemple : vous /vu/ → vous avez /vuzave/*

1 Repérage

a. Écoutez à nouveau le dialogue entre le journaliste et le directeur de l'entreprise page 32. Notez les liaisons réalisées par les deux locuteurs.

b. Comptez le nombre de liaisons effectuées dans le discours du directeur et dans celui du journaliste. Que remarquez-vous ? À votre avis, pourquoi ?

2 Entraînez-vous

a. Écoutez et répétez. Prenez ensuite ces phrases sous la dictée et notez les liaisons obligatoires. Pouvez-vous en déduire la règle ?

b. Même exercice.

c. Même exercice.

d. Même exercice.

e. Même exercice.

3 À vous de jouer !

a. Lisez les propos d'un représentant syndical : vous ferez seulement les liaisons obligatoires, mais pas les liaisons facultatives.

Nous avons dénoncé les mesures qui ont été prises par la direction, et qui vont à l'encontre de l'intérêt des salariés. Nous attendons des mesures adaptées… Il est urgent que les demandes des employés soient prises en considération et que les hautes autorités fassent des propositions. Quand on en aura, on avisera.

b. Relisez maintenant ce texte en faisant toutes les liaisons (niveau de langue soutenu).

> **Attention !**
> **Liaisons interdites**
> → *et, quand ?, comment ?,*
> → nom + verbe

OUTILS grammaire

1. Le subjonctif (suite)

a. Observez.

Il est urgent que les demandes des salariés **soient prises en compte.**

- Il est urgent que
- Il est primordial que
- Il est nécessaire que
- Il est important que

} + SUBJONCTIF

b. Soyez ferme ! Transformez ces phrases impératives au subjonctif en utilisant les expressions ci-dessus.

1. Relisez votre copie !
2. Faites attention !
3. Remettez-moi ce dossier !
4. Écoutez-nous !
5. Choisissez-en un !

2. Le passif

a. Observez.

Un préavis de grève **a été déposé** par les syndicats.
Aucun signe de dialogue **n'est donné** par la direction.

Titres de journaux :

EN THAÏLANDE, L'ÉTAT D'URGENCE A ÉTÉ DÉCLARÉ

LA RÉUNION SYNDICATS - DIRECTION A ÉTÉ ANNULÉE

LE BUDGET EST VOTÉ PAR LE CONSEIL RÉGIONAL

LA FORME PASSIVE
Auxiliaire *être* conjugué
+ participe passé

Attention !
Le complément d'objet direct de la phrase active devient le sujet de la phrase passive !

b. Transformez ces informations en utilisant une forme passive.

1. Les délégués du personnel ont déposé un préavis de grève.
2. *Maison Bleue* licencie 60 salariés dans le Pas-de-Calais.
3. Anne-Cécile et Ségolène créeront bientôt la boutique « Caroline des îles ».
4. La direction et les représentants du personnel ont engagé des négociations.

c. Transformez ce dialogue en un article de presse ; utilisez le passif.

— M. Durel, vous êtes le représentant syndical, comment tout a commencé ?

— Ça faisait plusieurs mois qu'on s'y attendait… Avec le rachat de vieilles usines en Pologne, on s'imaginait bien qu'ils nous remplaceraient bientôt par une main-d'œuvre meilleur marché.

— Et de la part de la direction ?

— Le silence total ! Zéro information ! Quand on est monté au créneau pour demander des explications, …eh ! bien, on n'a rien obtenu… jusqu'à avant-hier où on nous a annoncé la fermeture de trois chaînes d'assemblage. Vous vous rendez compte du cadeau, à trois semaines de Noël ?

— J'imagine, oui. Et combien de postes sont en jeu ?

— 38 salariés mis à la porte. La catastrophe ! Surtout dans notre région où le boulot est rare !

— Mais des indemnités sont prévues, non ?

— Les indemnités, c'est bien beau, mais ça part vite ! Nous, ce qu'on veut, c'est du travail pour nourrir nos familles. C'est pour ça qu'on fait grève !

3. La négation

a. Écoutez et observez.

— Excusez-moi, il y a quelqu'un ?
— Non, il **n'y a personne**. **Personne n'**est là.
— Il **n'y a rien** que l'on puisse faire ?
— Hélas non. **Rien ne** peut changer leur décision. **Aucun** d'entre eux **n'**est ouvert au dialogue.

LA NÉGATION

Ne… pas ; ne… jamais ; ne… rien
• La négation peut être en position complément ou en position sujet.
 Aucun d'eux ne veut parler !

grammaire

b. Complétez ce dialogue.

— Tu es occupé cet après-midi ?
— Non, je n'... rien.. à faire de spécial, pourquoi ?
— Valérie n' a pas. encore terminé la lettre aux affiliés.
— Pas. encore ?
— Non. Et toi, l'interview du DRH ? Ça a donné quelque chose ?
— Pas. du tout. Personne n'.. a voulu faire de déclaration.
— C'est pas vrai ! Je n' ai jamais vu une telle situation ! Je me demande ce qu'on va mettre sur la une. On n' a pas. grand-chose.
— Que veux-tu, si personne ne. veut parler et qu'aucun communiqué de presse n'. est émis, rien. de ce que l'on publie ne peut être inventé.

4 Le conditionnel présent

a. Observez.

Nous **souhaiterions** qu'ils reconsidèrent leur position.
Nous **serions** prêts à revoir nos propositions.

Le conditionnel présent

verbes réguliers	verbes irréguliers
	(les mêmes qu'au futur)
J'aimer**ais**	Je ser**ais**
Tu finir**ais**	Tu aur**ais**
Il/elle prendr**ait**	Il/elle ir**ait**
On négocier**ait**	On pourr**ait**
Nous souhaiter**ions**	Nous voudr**ions**
Vous reconsidérer**iez**	Vous fer**iez**
Ils/elles exiger**aient**	Ils/elles verr**aient**

FORMATION
Radical du futur + terminaisons de l'imparfait.
J'aimer-ais

EMPLOI
Le présent du conditionnel sert :
• à exprimer un souhait ou un désir ;
• à formuler une demande polie (conditionnel de politesse).
 Je voudrais vous demander un rendez-vous.

b. Le conditionnel de politesse (rappel).
Choisissez vos plats, et passez la commande !

Je voudrais… *Je prendrais…*

MENU
Entrées
Soufflé aux trois légumes
Gratin dauphinois
Salade niçoise

Plats
Entrecôte maître d'hôtel
Pavé de bœuf au poivre
Saumon à l'aneth

Carte des desserts
au choix

Pain, vin ou eau minérale inclus

c. Conjuguez les verbes entre parenthèses au conditionnel présent et dites s'il s'agit d'un désir, d'une demande polie, ou des deux.

1. Je (aimer) aimerais tellement gagner à la loterie !
2. Nous (préférer) préférerions habiter à la campagne.
3. Je (aimer) aimerais bien que tu m'aides à déplacer ce meuble.
4. Je (avoir besoin) aurais besoin d'une semaine de congés.
5. Si je comprends bien, vous (vouloir) voudriez une augmentation.

d. Quelles résolutions prendriez-vous pour mieux vivre ?

1. arrêter de fumer
2. faire du sport
3. aller plus souvent à des concerts
4. mieux manger
…

POUR SUGGÉRER OU DONNER DES CONSEILS :
Falloir au conditionnel présent + verbe au subjonctif présent
 Il faudrait que tu aies l'air heureux.

Situations

🎧 👄 ÉCOUTER et PARLER

1. Accords et désaccords

Vous allez entendre le compte-rendu oral d'une réunion syndicat/direction dans la salle du personnel de l'usine SO-6.

Relevez les demandes des salariés et les réponses apportées par la direction dans le tableau suivant, puis analysez les différences (les désaccords). 🎧

Demandes des salariés	Propositions de la direction
Désaccords	

✏️ ÉCRIRE

2. Rédacteur du bulletin d'information syndicale de l'entreprise, vous rédigez le compte-rendu de la réunion.

3. Vous décidez de manière urgente de convoquer une assemblée générale des travailleurs. Rédigez la note informative du tableau d'affichage du comité.

👄 PARLER

4. L'assemblée générale

Vous exposez l'état des négociations à vos collègues, vous rappelez vos revendications collectives et vous appelez les salariés de l'entreprise à un mouvement de grève.

– *Nous avons demandé…*
– *On nous propose…*
– *Nous souhaiterions…*

5. Pour ou contre la grève. Exposez votre point de vue et argumentez-le.

38 /trente-huit / UNITÉ 3

LIRE

TRACTS ET PÉTITIONS CHEZ BASBOUL
Les salariés de cette chaîne de magasins demandent des augmentations et davantage de vendeurs

Une vingtaine de salariés de cette enseigne se sont relayés hier à l'entrée du magasin pour informer les clients sur leurs revendications. Ce mouvement s'amplifie depuis vendredi, dans l'attente des négociations avec la direction, prévues aujourd'hui.

Il y a déjà eu un mouvement il y a deux ans chez Basboul à cause des inégalités de traitement concernant les magasins franchisés du quartier Saint-Michel. Ceux-ci n'étaient pas alignés sur les conditions de rémunération de Basboul Paris. Même si, après ce conflit, le PDG[1] a été licencié pour être remplacé par un jeune diplômé de HEC[2], « la direction entend toujours poursuivre une politique salariale individuelle », précise le délégué syndical.

À l'entrée du magasin de la place Saint-Michel, une table a été installée avec des tracts et des pétitions à signer. Surpris par cette disposition, les clients n'ont pas hésité à poser des questions sur le mouvement des salariés : « Comment vivre à Paris avec le SMIC[3] et un CDD[4] ? Comment obtenir un logement, comment payer son loyer quand les prix de l'immobilier ont augmenté de 10 % et qu'il faut justifier de revenus quatre fois supérieurs au montant du loyer ? »

Les grévistes comptent bien négocier avec la direction. « Cette situation n'est viable pour personne ; nous ne pouvons nous loger et vivre correctement avec ces salaires. De plus, le client perd en qualité d'accueil et de service, en raison du manque d'effectifs. Il n'y a pas assez de vendeurs ! »

Les syndicats, qui ont distribué samedi plus de 1 000 tracts à la clientèle et recueilli plus de 2 000 signatures, doivent rencontrer la direction aujourd'hui. Le mouvement a par ailleurs été suivi dans les magasins des Champs-Élysées et de la place Clichy.

1. PDG : président-directeur général – 2. HEC : École des hautes études commerciales. C'est l'une des plus prestigieuses des écoles de commerce parisiennes. – 3. SMIC : salaire minimum interprofessionnel de croissance. Au 1er juillet 2006, il était de 1 254,28 € par mois, soit 8,27 € bruts de l'heure. – 4. CDD : contrat à durée déterminée.

4. **Lisez le texte ci-dessus, puis répondez aux questions.**
a. Cochez les bonnes réponses.
1. Pourquoi les employés de Basboul font-ils grève ?
- ❏ pour l'ouverture d'autres magasins
- ❏ pour une augmentation des effectifs
- ❏ pour une augmentation des jours de congés
- ❏ pour un alignement des salaires de l'ensemble des salariés de la chaîne

2. Les salariés de chez « Basboul » sont payés :
- ❏ au SMIC
- ❏ 50% au dessus du SMIC

b. Relevez les phrases de l'article écrites à la forme passive.
c. Réécrivez trois phrases de votre choix à la forme passive.
d. De quel revenu faut-il justifier pour louer un appartement à Paris ?
e. Comparez cette situation avec celle de la capitale de votre pays.

Documents

Vie pratique

Qu'est-ce qu'une convention collective ?

90 % des salariés français dépendent aujourd'hui d'une des quelque 450 conventions collectives existantes.

Lorsque vous êtes embauché pour un nouvel emploi, il faut bien sûr lire attentivement votre contrat de travail, mais aussi la convention collective de votre entreprise.

C'est un accord écrit entre les syndicats de salariés et les employeurs. Il contient des informations capitales pour les employés. La convention collective peut dépendre de l'entreprise ou d'une branche professionnelle (tourisme, informatique, publicité…). Elle fixe les règles du jeu social dans l'entreprise, elle précise, par exemple, les avantages dont peuvent bénéficier les salariés en matière de durée du travail, de congés payés ou spécifiques (pour les événements familiaux, par exemple), de treizième mois, de primes, de mutuelle, d'indemnisation des absences pour maladie, de maternité…

La convention collective aborde également les conditions d'embauche et de départ en retraite du salarié, les modalités de sa période d'essai, ses conditions de départ de l'entreprise en cas de démission ou de licenciement, les clauses à respecter (non-concurrence, mobilité…) et aussi les grilles de salaire. En connaissant bien votre convention collective, vous pourrez plus facilement négocier avec votre employeur.

Vrai ou Faux ?

	V	F
a. Presque tous les travailleurs français dépendent d'une convention collective.	✓	
b. Il peut y avoir une convention collective pour toute une catégorie professionnelle.	✓	
c. La convention collective est valable si la majorité des employés sont syndiqués.		✓
d. C'est un accord qui règle presque tous les détails de la vie professionnelle des employés.	✓	
e. La convention collective ne prend pas en compte les événements personnels de la vie des employés.		✓

L'œil du sociologue

Les syndicats

En 2004, près d'un million huit cent mille salariés déclarent être affiliés à un syndicat. Ils représentent 8 % des salariés. La France est depuis plusieurs décennies le pays développé où il y a le moins de travailleurs syndiqués.

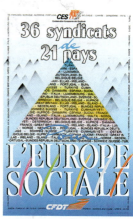

1. Êtes-vous surpris par le faible taux de travailleurs syndiqués en France ? Pourquoi ?

2. D'après ces affiches, quels sont les grands thèmes dont les syndicats peuvent débattre au même titre que les partis politiques ?

3. Quelques slogans :

Dessine-moi un avenir. (FNSEA[1])

CFDT, des choix, des actes.

Ensemble pour de nouvelles garanties sociales. (CGT)

FO, voilà un syndicat qu'il est beau ! FO, le syndicat qu'il vous faut !

a. Un de ces slogans est inspiré d'une citation du livre le plus connu du célèbre poète et romancier Antoine de Saint-Exupéry : connaissez-vous le titre de ce livre ?

b. Un autre est un faux slogan, inventé par l'humoriste Coluche[2], dans l'un de ses sketches. Pouvez-vous le retrouver ?

---

1. Fédération nationale des exploitants agricoles.
2. Coluche est aussi le fondateur de l'association « les Restos du Cœur », qui fournit des repas chauds et des aides en tous genres durant l'hiver aux personnes démunies.

Le journal à plusieurs voix

emilieletellier@franceville.hitmail.fr : J'ai trouvé ma voie. Je sais quelles études je veux faire. Devinez !

valentinefoucault@caen.wanadu.fr : Art graphique ?

jeannekeller@srasbourg.fraa.fr : Théâtre ?

segolenemorvan@nice.hitmail.fr : École de mode ?

emilieletellier@franceville.hitmail.fr : Vous n'y êtes pas. Je veux faire du droit.

segolenemorvan@nice.hitmail.fr : Du droit, mais c'est rébarbatif ! Et les études sont longues.

jeannekeller@srasbourg.fraa.fr : Moi, je te vois bien juge pour enfants. Je me trompe ?

emilieletellier@franceville.hitmail.fr : Complètement. Je veux faire du droit des sociétés.

segolenemorvan@nice.hitmail.fr : Ah ! bon, ça c'est étonnant. Et pourquoi ?

emilieletellier@franceville.hitmail.fr : J'ai vu des salariés en grève. Il y a des fermetures d'usine. J'ai envie de défendre les gens qui sont exploités…

segolenemorvan@nice.hitmail.fr : C'est généreux.

Mettez la vocation d'Émilie à l'épreuve.
Faites-lui part d'une injustice dont vous avez été témoin ou victime dans votre entreprise, et demandez-lui ce qu'elle ferait en tant qu'avocate chargée du dossier.

Le coin des livres

Les Météores, *Michel Tournier*

L'idée d'une grève fait son chemin dans la dure caboche de ces hommes. Lentement mais sûrement, ils adoptent les uns après les autres le principe d'une action destinée à arracher à la municipalité l'engagement formel de renoncer au projet d'usine d'incinération. Mais bien entendu, il importe de frapper les esprits, et ce n'est pas sur mon chantier que portera l'action – ou plutôt l'inaction – des grévistes. Tous les espoirs reposent sur les éboueurs et le grand déploiement ordurier que la cessation de leur travail provoquera dans toute la ville. Les pourparlers vont bon train avec leurs représentants. Ils butent sur la disparité des objectifs d'une grève englobant l'ensemble de la corporation. L'usine d'incinération n'effraie pas les éboueurs qui y transporteraient leurs chargements comme à tout autre dépôt. En revanche ils demandent des augmentations de salaire, une diminution des heures de travail – actuellement cinquante-six heures par semaine – la distribution gratuite de vêtements de travail – comprenant salopette, bottes en caoutchouc, gants de grosse toile et calot – enfin le remplacement plus rapide des bennes ordinaires par des bennes-presseuses. Les biffins[1] ont bien dû accepter ce cahier de revendications qui risque de dénaturer leur action anti-incinération, mais sans lequel, point d'éboueurs ! La grève aura lieu dans dix jours.

© ÉDITIONS GALLIMARD, 1975.

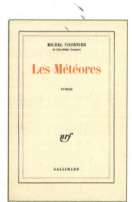

> **L'AUTEUR**
> Michel Tournier a été traducteur, journaliste, directeur littéraire. Il est l'auteur d'essais, de contes et de romans comme *Vendredi ou les limbes du Pacifique*.

> **LE LIVRE**
> Deux jumeaux, Jean et Paul, forment un couple fraternel et uni. Jean veut briser cette chaîne, Paul fait alors échouer son mariage. Les deux frères partent chacun de leur côté et découvrent de multiples aspects du monde.

1. Les biffins : les chiffonniers.

Comment le texte montre-t-il qu'une grève se prépare aussi sérieusement qu'un projet de travail ?

BILAN 1

Vous connaissez...

1 Le présent du subjonctif

a. Mettez les verbes entre parenthèses au présent du subjonctif.

1. Il faut que vous *(être)* à la banque à 10 heures. Il est primordial que vous *(rencontrer)* le conseiller financier pour obtenir un prêt.
2. Il est urgent que la direction *(négocier)* avec les syndicats pour sortir de la crise. Il vaut mieux que les négociations *(avoir)* lieu la semaine prochaine.
3. Il est préférable que nous *(passer)* au bureau avant midi.
4. Dis-lui qu'il est urgent qu'elle *(venir)* signer son contrat.

b. Complétez ces phrases avec un verbe de votre choix, à l'infinitif ou au présent du subjonctif.

a. Il est urgent de …… des emplois à l'usine SO-6.
b. Il est primordial que …… au bureau avant 18 heures.
c. Il est préférable de …… la voiture au parking.
d. Il vaut mieux ……, un tailleur pour un entretien d'embauche.
e. Il est important que …… déjeuner dimanche prochain chez Jérôme et Marie.

2 L'accord des participes passés

Mettez les terminaisons si nécessaire.

a. Le directeur que les représentants syndicaux ont vu… hier a signé… un accord ce matin.
b. On l'a rencontré… dans le centre ville alors qu'elle sortait du cinéma et nous lui avons parlé…
c. Cette voiture est extraordinaire ! Je l'ai conduit… sur l'autoroute, elle est vraiment puissante.
d. L'entreprise que j'ai créé… est à Montereau, dans la région parisienne.
e. Le prêt que la banque m'a accordé… est très avantageux.

3 Le passif

a. Racontez ces faits au passif.

1. À l'usine SO-6, on a déposé un préavis de grève. La direction menace de licencier 450 employés avant la fin de l'année.
Les syndicats refusent les licenciements et demandent une revalorisation des salaires. La direction a fait des propositions. Les délégués syndicaux examinent le dossier. La direction propose un plan de restructuration.

2. Émilie est embauchée à la SNCF. Le directeur l'a reçue la semaine dernière. Ils ont parlé des conditions d'embauche et du salaire.
3. Ségolène a créé une entreprise. Son conseiller financier a monté un dossier pour qu'elle obtienne un prêt bancaire.

b. Mettez ces phrases à la forme active.

1. Elle a été reçue par le directeur hier.
2. 450 employés ont été licenciés.
3. L'usine est occupée par les ouvriers depuis une semaine.
4. La discussion a été engagée et nos demandes ont été prises en compte.
5. Des mesures ont été proposées par les syndicats pour éviter les licenciements.

4 Les pronoms relatifs *qui, que, dont, où*

Complétez les phrases suivantes avec le pronom relatif qui convient.

a. J'aime beaucoup ce costume dans la vitrine, mais je préfère l'ensemble … tu portes.
b. Je connais très bien la personne … vous parlez.
c. La femme … habite à côté de chez moi est bruyante.
d. Le film … je t'ai parlé passe dans le cinéma … est en face de chez toi.
e. Le quartier … j'aimerais vivre est à cinq minutes de mon travail.

5 Les relatifs composés

Simplifiez les phrases suivantes en remplaçant les relatifs composés.

a. Le forum des Halles est un centre commercial parisien autour duquel on trouve d'autres magasins.
b. C'est une personne pour laquelle j'ai beaucoup de sympathie.
c. Le calendrier pour lequel ont posé les joueurs de rugby est affiché dans ma cuisine.
d. Je vais laver le pantalon sur lequel tu as versé de la sauce tomate.
e. Voilà la salle des fêtes dans laquelle nous avons fêté notre mariage.
f. Ce sont les amis avec lesquels je pars en vacances.
g. Le maire duquel elle est l'adjointe fait beaucoup pour les cités.

6 Le présent du conditionnel

Complétez ce tableau.

	être	avoir	habiter	prendre	vouloir
je /j'	serais	aurais	habiterais	prendrais	voudrais
tu	serais	aurais	habiterais	prendrais	voudrais
il/elle/on	serait	aurait	habiterait	prendrait	voudrait
nous	serions	aurions	habiterions	prendrions	voudrions
vous	seriez	auriez	habiteriez	prendriez	voudriez
ils/elles	seraient	auraient	habiteraient	prendraient	voudraient

Vous savez...

1 Écrire une lettre de motivation

Imaginez quelle entreprise a publié cette offre d'emploi et envoyez votre candidature.

> **Conseillers commerciaux   H/F**
>
> Groupe international, leader sur son secteur d'activité.
>
> Vous cherchez un premier emploi ou vous souhaitez reprendre une activité professionnelle.
>
> • **Votre mission :** Accueillir, conseiller et accompagner nos clients au sein de nos agences ; valoriser notre gamme de services auprès d'une clientèle exigeante.
>
> • **Profil :** Doté d'un grand sens de l'écoute et du service, soucieux de répondre aux attentes des clients, vous assurerez la vente et le suivi de nos produits et services.
>
> Contactez Mlle Sapin à l'adresse électronique rose.sapin@pompfu.fr

2 Donner des conseils

Après avoir répondu à l'annonce ci-dessus, un(e) ami(e) doit se rendre à un entretien d'embauche. Vous lui donnez des conseils :

a. Choisir sa tenue vestimentaire.
b. Se présenter.
c. Raconter son expérience professionnelle.
d. Parler de ses motivations.
e. Convaincre son interlocuteur.
f. Parler de ses prétentions financières
g. ……………………………………

3 Demander poliment

Adressez-vous poliment aux professionnels suivants.

A un chauffeur de taxi

B une marchande de chaussures

C un réceptionniste d'hôtel

D un serveur dans un café

BILAN 1

4 Exprimer un souhait, un désir
Écrivez la légende.

A

B

C

5 Exprimer un choix
Complétez les dialogues avec un pronom relatif composé.

a. — Ces deux pantalons vous vont ; ...lequel... choisissez-vous ?
— Le noir.

b. — Nous avons des roses rouges et jaunes ; ...lesquelles... prenez-vous ?
— Faites-moi un bouquet avec 10 de chaque.

c. — Je voudrais la jupe dans la vitrine, s'il vous plaît.
— ...Laquelle... ? Celle-ci ou celle-là ?

d. — ...Lesquels... préférez-vous ? Les bleus ou les rouges ?
— Je prendrai les rouges.

6 Rapporter des questions

a. **Imaginez un dialogue entre le représentant syndical et un responsable de l'usine SO-6, en utilisant les indications suivantes.**

Effectifs : 7500 employés
Licenciements : 450 employés
Chiffre d'affaires : 160 000 millions d'euros

b. **Ce responsable fait un compte rendu oral à l'ensemble de la direction ; il rapporte les questions du représentant syndical. Imaginez le compte-rendu.**

Il m'a demandé si...

DELF A2 · CECR

A Compréhension de l'oral

1. Première partie de l'enregistrement
Vous téléphonez à Job-Services. Répondez aux questions suivantes après avoir écouté le menu principal du serveur vocal.

	Vrai	Faux	Ne sait pas
a. Job-Services est une entreprise du groupe Carrefour.	☐	☐	☐
b. Le serveur vocal n'est accessible qu'aux personnes ayant déjà envoyé un CV.	☐	☐	☐
c. Il est possible de savoir où en est une candidature déposée pour un poste.	☐	☐	☐
d. Cette entreprise est spécialisée dans les offres d'emploi pour les musiciens.	☐	☐	☐
e. Je peux écouter les CV d'autres candidats.	☐	☐	☐
f. Une fonction d'aide est proposée.	☐	☐	☐

2. Deuxième partie de l'enregistrement
Vous êtes entré(e) dans le sous-menu n° 3. Écoutez les nouvelles options proposées. Sur quelle touche devrez-vous appuyer…

Touche n°
a. pour ajouter votre DELF A1 pour justifier de votre niveau de français ? → ……
b. pour spécifier vos permis de conduire ? → ……
c. si vous êtes perdu(e) ? → ……
d. si vous avez changé de numéro de portable ? → ……
e. pour changer la date de votre entrée dans l'entreprise ? → ……

3. Infogrève
Écoutez cette annonce, puis répondez aux questions.

	Vrai	Faux	Ne sait pas
a. Il s'agit d'une annonce publique dans une station de métro.	☐	☐	☐
b. Le service de métro est suspendu à cause d'une prise d'otage d'un conducteur.	☐	☐	☐
c. J'ai rendez-vous pour déjeuner. Je ne devrais pas rencontrer de problème pour y aller en métro.	☐	☐	☐
d. Le service normal sera rétabli demain.	☐	☐	☐
e. Des bus supplémentaires sont prévus par la RATP.	☐	☐	☐

B Compréhension des écrits

1. Lisez ce tract, puis cochez les bonnes réponses :

	Vrai	Faux	Ne sait pas
a. La manifestation aura lieu à la mairie.	☐	☐	☐
b. C'est une manifestation des salariés de l'entreprise Liberté Chérie.	☐	☐	☐
c. Il s'agit d'une manifestation contre la réforme scolaire.	☐	☐	☐
d. Il s'agit d'un appel à la grève.	☐	☐	☐
e. Cette manifestation fait suite à d'autres mouvements de protestation.	☐	☐	☐
f. Le tract est imprimé sur papier recyclé.	☐	☐	☐
g. Il s'agit de protester contre une grève d'enseignants.	☐	☐	☐

BEREZ LES FACS, ON VEUT ETUDIER !

Les facs sont toujours bloquées et la liberté d'étudier des non-grévistes est encore bafouée :

Nous appelons à une grande **contre-manifestation** de lycéens, d'étudiants, et de parents d'élèves.

NOUS VOUS DONNONS RENDEZ-VOUS :

**DIMANCHE 26 MARS A 15H
PLACE DE
L'HÔTEL DE VILLE**

Liberté Chérie
liberte-cherie.com

Collectif SOS Facs Bloquées
Collectif Halte au Blocage
Collectif Stop au blocage

Contact Liberté Chérie : liberte@liberte-cherie.com / 06 60 09 81 20
http://sosfacsbloquees.hautetfort.com/
http://halteaublocage.hautetfort.com/
http://stopblocage.over-blog.com/

DELF A2 · CECR

2. Lisez l'offre d'emploi ci-dessous, puis répondez aux questions.

DIRECTEUR EXPORT
*Importante entreprise internationale de textile
reconnue dans son secteur*

LISBONNE – RÉMUNÉRATION INTÉRESSANTE
En collaboration avec le Directeur Général, le candidat sera responsable de :
- Appliquer la politique commerciale des marchés export, en respectant les objectifs
- du chiffre d'affaires, des marges, de la rentabilité et des investissements
- Visiter et réaliser le suivi des distributeurs
- Préparer et participer aux différents salons du secteur
- Réaliser la prévision et planification des ventes

Profil du candidat : de formation supérieure École de commerce ou Université, MBA. Le candidat devra avoir une expérience de 3 ans minimum comme responsable de zone export et une bonne connaissance des réseaux de distribution.

Bilingue français / anglais, l'allemand étant souhaité.
Le candidat devra travailler par objectifs.

a. De quelle nationalité est l'entreprise qui propose le poste ?
b. Est-il indispensable de savoir parler portugais ?
c. Quel est le niveau d'études minimal requis ?
d. Le poste est-il directement proposé par l'entreprise ?
e. La rémunération est-elle négociable ?
f. Quel est la clientèle possible de cette entreprise ?

C Production écrite

1. Grâce aux conseils d'un(e) ami(e), vous avez brillamment décroché un nouvel emploi. Écrivez-lui pour le/la remercier de ses conseils et lui raconter votre entretien.

2. Vous avez été promu à un poste d'encadrement il y a un an. Cette promotion était associée à une promesse d'augmentation. Or, à ce jour, votre salaire reste inchangé. Vous adressez une lettre au directeur pour lui demander un entretien en lui exposant l'objet de cette rencontre.

D Production orale

1. Entretien. Présentez votre expérience professionnelle à un recruteur.

2. Exposé. Expliquez à un ami étranger le système de protection sociale existant dans **votre pays** (Sécurité sociale, assurance maladie, statut des travailleurs, poids des syndicats…).

3. Exercice en interaction. Jouez la scène (l'examinateur est le patron) :
en tant que délégué du personnel, vous exposez à votre patron en quoi consistent les chèques-repas et vous lui demandez d'étudier la mise en place de ce service aux salariés.

L'HOMME SOCIAL

Vie privée • unité 4

Savoir
- Raconter
- Parler de ses sentiments
- Rapporter des propos
- Parler du caractère : les qualités et les défauts

Connaître
- L'imparfait et le passé composé
- Le plus-que-parfait
- La concordance des temps dans le discours indirect

Vivre à plusieurs • unité 5

Savoir
- Suggérer, proposer
- Exprimer des conditions
- Exprimer des hypothèses
- Exprimer ses goûts et ses préférences

Connaître
- Le présent du conditionnel (suite)
- La condition, les hypothèses
- Les adjectifs et les pronoms indéfinis
- Les propositions incises

Voyager • unité 6

Savoir
- Présenter un moyen ou une stratégie
- Décrire un paysage
- Élaborer un itinéraire (rappel)

Connaître
- Les prépositions de lieu (rappel)
- Le pronom *y* marquant le lieu (rappel)
- *Par, pour* (les lieux)
- Le gérondif
- *Sans* + infinitif

4 UNITÉ Vie privée

oral

Tête à tête ?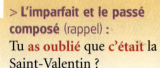

ÉMILIE : Dis, maman, tu avais quel âge quand tu as rencontré papa ?
MME LETELLIER : Ben… je devais avoir 18 ans, à peu près… Pourquoi ?
ÉMILIE : Je pensais que vous feriez une petite fête aujourd'hui.
MME LETELLIER : Une petite fête ? En quel honneur ? Pourquoi ?
ÉMILIE : Tu as oublié que c'était la Saint-Valentin ?
MME LETELLIER : Oui, complètement !

HUGO : Lucie, tu fais quelque chose ce soir ?
LUCIE : Je me couche avec un bon livre.
HUGO : Tu ne dînes pas avec Rudy ?
LUCIE : Non, pas ce soir. Pourquoi ?
HUGO : C'est la Saint-Valentin.
LUCIE : Et alors, ça m'est égal, je ne savais pas que tu étais devenu sentimental !

ÉMILIE : Allô, Hugo, qu'est-ce que tu fais ce soir ?
HUGO : J'invite Johanna à dîner.
ÉMILIE : Ça alors, Johanna, mais je croyais que tu sortais avec Valentine.
HUGO : Je sortais avec Valentine mais je ne suis plus avec elle.
ÉMILIE : J'étais sûre que ça ne durerait pas !
HUGO : Alors, ne me pose pas la question !

ÉMILIE : Ton frère est marié ?
ADRIEN : Non il est encore célibataire, il a 36 ans, c'est un vieux garçon.
ÉMILIE : Et ta sœur, elle est toujours seule ?
ADRIEN : Non, comme tu le sais, elle a divorcé il y a six ans. Mais depuis, elle a rencontré Jean-Luc, mon nouveau beau-frère, et elle s'est remariée en 2001. À eux deux, ils ont trois enfants. Elle, elle a deux enfants : mes neveux Bastien et Amélie. Lui, il a une fille. Ils vivent tous les cinq.
ÉMILIE : Et ça marche ?
ADRIEN : Oui, c'est une famille recomposée qui fonctionne bien, tout le monde s'entend.

> **L'imparfait et le passé composé** (rappel) :
Tu **as oublié** que **c'était** la Saint-Valentin ?

> **Le plus-que-parfait** :
J'ai d'abord eu peur. **J'étais passée** par une période difficile, **j'avais eu** un chagrin d'amour.

> **La concordance des temps** :
Je ne savais pas que tu étais devenu sentimental !
Je pensais que nous ne pourrions jamais nous entendre.

écrit

Courrier des lecteurs
Témoignages de couples

Clotilde, 28 ans, styliste est avec Serge depuis 10 ans.
« Quand j'ai rencontré Serge, j'avais 18 ans. C'était mon premier amour. Je n'avais pas eu d'autres expériences avant. Nous étions très jeunes, et nous ne voulions pas vivre ensemble tout de suite.

J'ai connu d'autres copains, Serge d'autres copines. Nous en avons discuté tout de suite. Justement, grâce à cela, nous avons compris que nous étions faits l'un pour l'autre. Nous savions que nous serions heureux ensemble.

Nous nous sommes mariés, mais nous ne sommes pas toujours l'un avec l'autre. Je sors souvent avec mes copines, et lui, il fait du sport avec des amis. Et nous nous retrouvons pour nous promener à la campagne, pour aller au restaurant, ou pour dormir. Mais nous savons que le bonheur n'est jamais définitif, et qu'il faut rester vigilant. »

Milène, 33 ans, documentaliste, est avec Gérard, 40 ans, professeur d'université.
« Quand nous nous sommes connus, j'ai d'abord eu peur. J'étais passée par une période difficile, j'avais eu un chagrin d'amour et puis je trouvais que nous étions trop différents et je pensais que nous ne pourrions jamais nous entendre.

Je suis économe, il est dépensier. Il aime la musique, je préfère la lecture ; il est passionné, je suis plutôt réservée. Mais j'ai compris que nos différences étaient complémentaires. Nous avons appris à nous connaître, à partager les goûts de l'autre, mais nous gardons chacun notre territoire… »

activités

1. **Faites la liste des membres de la famille.**

2. **Faites la liste des adjectifs utilisés pour décrire le caractère de Milène et Gérard.**

3. **Observez les temps du passé et formulez des hypothèses sur leur emploi.**

4. **Présentez votre famille.**

OUTILS

vocabulaire

1 La famille

a. Hugo vous présente sa famille. Associez pour faire une phrase.

1. Louise ma grand-mère, c'est... f.
2. Amandine ma tante, c'est... d.
3. Johanna ma cousine, c'est... e.
4. William mon cousin, c'est... c.
5. Joseph mon grand-père, c'est... a.
6. Bertrand mon oncle, c'est... b.

a. le père de mon père.
b. le mari de ma tante.
c. le fils de mon oncle.
d. la femme de mon oncle.
e. la sœur de mon cousin.
f. la mère de ma mère.

Je vous présente...

b. Écrivez les prénoms manquants sur l'arbre généalogique de la famille de Hugo.

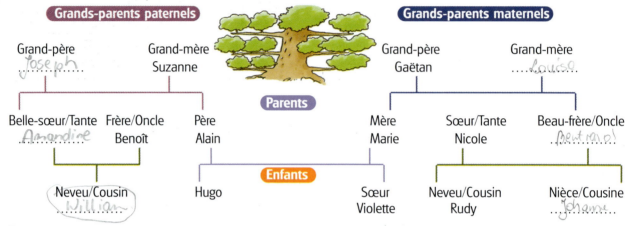

Grands-parents paternels
Grand-père Joseph — Grand-mère Suzanne

Grands-parents maternels
Grand-père Gaëtan — Grand-mère Louise

Parents
Belle-sœur/Tante Amandine — Frère/Oncle Benoît — Père Alain — Mère Marie — Sœur/Tante Nicole — Beau-frère/Oncle Bertrand

Enfants
Neveu/Cousin William — Hugo — Sœur Violette — Neveu/Cousin Rudy — Nièce/Cousine Johanna

2 L'amour

Racontez l'histoire de la famille d'Hugo en utilisant le vocabulaire suivant.

être célibataire – rencontrer quelqu'un – tomber amoureux de – avoir un coup de foudre – sortir avec ... – avoir un petit copain – se marier – se remarier – vivre en couple – divorcer – la famille recomposée – la belle-mère / le beau-père – la demi-sœur / le demi-frère

1993-1994 — 1 — 2 — 3 — 4 — 1995

1998 — 5 — 6 — 7 — 8 — 2002 — 2004 — 2006

50 /cinquante / UNITÉ 4 /

vocabulaire

3 Le caractère

Les qualités ≠ Les défauts

Masculin	
sympathique	antipathique
gentil	méchant
franc	hypocrite
doux	agressif
gén**eux**	égoïste / avare / *radin**
modeste	prétentieux / *frimeur**
calme	nerv**eux**
gai / joy**eux**	triste
*marrant**/drôle	ennuy**eux**
tolérant	intolérant
patient	impatient

Féminin	
sympathique	antipathique
gentille	méchante
franche	hypocrite
douce	agressive
gén**euse**	égoïste / avare / *radine**
modeste	prétenti**euse** / *frimeuse**
calme	nerv**euse**
gaie / joy**euse**	triste
*marrante**/drôle	ennuy**euse**
tolérante	intolérante
patiente	impatiente

*familier

a. Choisissez la bonne réponse.
1. Il ne dit pas ce qu'il pense. Il est ……hypocrite…… hypocrite / intolérant / agressif
2. Elle pense qu'elle est supérieure aux autres. Elle est… prudente / marrante / prétentieuse
3. Ses amis l'aiment. Il est ……………………… égoïste / calme / sympathique
4. Il se dispute souvent avec les autres. Il est ………… avare / agressif / patient
5. Il n'a peur de rien. Il est ……………………… impatient / tolérant / courageux
6. Valentine n'aime pas travailler. Elle est ……………… modeste / généreuse / paresseuse
7. Les gens ne s'amusent pas avec lui. Il est …………… gentil / ennuyeux / calme
8. Elle adore rendre des services. Elle est ……………… franche / gentille / joyeuse

b. Dites vos qualités ☺ et vos défauts ☹.

phonétique

Le style oral

1 Repérage

a. Écoutez les dialogues de la page 48 et barrez toutes les voyelles qui ne sont pas prononcées par les locuteurs.
b. Quelles voyelles sont concernées ?
c. Réécoutez les dialogues et barrez tous les *ne* de négation qui ne sont pas prononcés par les locuteurs.

2 Entraînez vous

Écoutez et répétez.
a. La chute du *e*.
b. L'ellipse de certaines voyelles et consonnes.
c. L'ellipse de *ne*.

3 À vous de jouer !

a. Écoutez et transformez les questions selon le modèle.
Exemple : Tu ne viens pas ? → *Tu viens pas ?*

b. Dictée. Écoutez le dialogue (la scène se passe dans une entreprise, devant la machine à café) et transformez-le en style *soutenu*: rétablissez la correction orthographique et syntaxique.

OUTILS grammaire

1 L'imparfait et le passé composé (rappel)

a. Écoutez et observez.

Dis, maman, tu **avais** quel âge quand tu **as rencontré** papa ?

b. Lucie raconte comment elle a rencontré Rudy. Complétez son récit en utilisant l'imparfait.

J'ai rencontré Rudy samedi matin au resto U […]. Nous nous sommes regardés, il m'a dit de venir m'asseoir à côté de lui. Je me suis assise […]. Il m'a demandé mon prénom […].
Puis nous avons beaucoup discuté de nos goûts et de nos activités. […] Ensuite, nous nous sommes quittés et nous nous sommes donné rendez-vous le lendemain à 20 heures au café en face de l'université.

2 Le plus-que-parfait

a. Observez.

Quand **j'ai rencontré** Serge, j'avais 18 ans. **C'était** mon premier amour. **Je n'avais pas eu** d'autres expériences avant. Nous étions très jeunes.

> **LE PLUS-QUE-PARFAIT**
> • **Formation**
> L'auxiliaire *être* ou *avoir* à l'imparfait + le participe passé du verbe.
> • **Emploi**
> Le plus-que-parfait sert à exprimer qu'une action a eu lieu avant une autre action passée.
> • **Accord du participe passé**
> Même règle que pour le passé composé.

Le plus-que-parfait

	discuter	passer
j'	avais discuté	étais passé(e)
tu	avais discuté	étais passé(e)
il/elle	avait discuté	était passé(e)
nous	avions discuté	étions passé(e)s
vous	aviez discuté	étiez passé(e)s
ils/elles	avaient discuté	étaient passé(e)s

b. Mettez les verbes entre parenthèses au passé composé ou au plus-que-parfait. Attention aux accords.

*Exemple : Nous (aller) voir un film, qu'elle (voir) la semaine dernière. → Nous **sommes allés** voir un film qu'elle **avait vu** la semaine dernière.*

1. Je (aller) à la gare pour prendre le train pour Franceville. Quand je (arriver) sur le quai, le train (partir) depuis dix minutes.
2. Il (venir) me chercher, je (se préparer), je (mettre) la robe rouge qu'il adore.
3. Elle (apporter) un magazine que je (lire) hier.
4. Ce matin elle (rencontrer), dans la rue, le garçon qu'elle (voir) la veille à la bibliothèque.

c. Classez les verbes de l'exercice b. dans le tableau suivant :

	Action n° 2 (action qui a lieu après)	Action n° 1 (action qui a lieu avant une autre action passée)
Ex.	Nous **sommes allés** voir un film…	qu'elle **avait vu** la semaine dernière.
1.		
2.		
3.		
4.		

d. Mettez les verbes entre parenthèses aux temps du passé.

1. Hier soir je (sortir) avec ma petite amie ; nous (aller) au restaurant pour manger de la soupe au pistou, mais quand nous (arriver), le restaurant (changer) de propriétaire, c' (être) un restaurant chinois qui (avoir) l'air très bon. Alors, nous (entrer), nous (s'asseoir) et nous (commander).
2. Ils (entrer) dans le salon, je les (entendre). Je les (attendre) parce que je (préparer) le dîner.
3. Je (passer) chez lui à 15 heures, mais il (partir). Je ne comprends pas, nous (avoir) rendez-vous.
4. Quand je (passer) à votre bureau, vous (sortir). Votre secrétaire me (dire) de revenir dans une heure.

3 La concordance des temps dans le discours indirect

a. Observez le tableau page ci-contre.

b. Cochez les bonnes réponses.

1. Il avait pensé qu'
   a. il pourrait les voir avant de partir. ☒
   b. il l'avait vue. ☒
   c. il lui parlait et qu'elle comprenait. ☐
   d. il travaille chez Atmosphéris. ☐
2. Il affirme qu'
   a. il l'aime depuis leur première rencontre. ☒
   b. il arriverait plus tard. ☐
   c. il verra ta cousine. ☒
   d. il avait parlé de nous à sa famille. ☐
3. Il savait qu'
   a. il irait à Paris pour étudier. ☒
   b. il partira jeudi prochain. ☐
   c. il venait à Paris pour les vacances. ☒
   d. il rencontre Valentine chez moi. ☐
   e. il avait rencontré le grand amour. ☒

grammaire

[handwritten notes:]
hier → la veille
ce moment → ce temps-là
il y a deux ans → 2 ans avant
il y a deux jours → 2 jours avant
très rec. → de + bezokol.
la semaine dernière → la semaine précédente
ce matin, ce jour → ce matin-là, ce jour-là

4. Il expliquera qu'
☒ a. il aime aller en Normandie le week-end.
☐ b. il s'achètera une voiture neuve l'été prochain.
☒ c. il l'a invitée.
☐ d. il l'avait vu.

5. Elle a précisé qu'
☒ a. elle n'irait pas déjeuner chez moi demain.
☒ b. elle avait peur de rencontrer Gérard.
☐ c. elle ne mange pas de viande.
☐ d. elle parlera en anglais pendant la réunion.

dans deux jours → deux jours après
la semaine prochaine → la semaine suivante, après

	Paroles d'origine		Paroles rapportées
		· Pas de changement de temps après un verbe introducteur au présent ou au futur : → Il (me) dit/dira… *es... → s'*	
Fait réel	**au présent** Je le vois tous les lundis. **au passé composé** Je l'ai rencontré, il y a 5 ans. **au futur** Je le verrai la semaine prochaine. …		**au présent** …qu'il le voit tous les lundis. **au passé composé** …qu'il l'a rencontrée, il y a 5 ans. **au futur** …qu'il le verra la semaine prochaine. …
		· Après un verbe introducteur au passé : → Il (m'/me) a dit/disait/avait dit…	
	au présent Je le vois tous les lundis. **à l'imparfait** Je les voyais tous les lundis. **au plus-que-parfait** Je les avais vus. **au passé composé** Je l'ai rencontré, il y a 5 ans. **au futur simple** Je le verrai la semaine prochaine.		**à l'imparfait** (simultanéité) …qu'il le voyait tous les lundis. **à l'imparfait** (simultanéité) …qu'il les voyait tous les lundis. **au plus-que-parfait** (simultanéité) …qu'il les avait vus. **au plus-que-parfait** (antériorité) …qu'il l'avait rencontrée il y a 5 ans. **au conditionnel** (postériorité) …qu'il le verrait la semaine prochaine.

le demain → le lendemain (dnia następnego)   après-demain → le surlendemain

c. Rapportez à un ami les propos de cette lettre, au présent puis au passé. Utilisez différents verbes introducteurs et faites les transformations nécessaires.

> Cher Vincent,
>
> Je crois avoir trouvé le grand amour ! Elle s'appelle Sabine, je l'ai rencontrée à l'université, au bureau des inscriptions. Elle fait une licence d'anglais. Nous avons déjà des projets !
> Elle aimerait voyager, moi aussi. L'année prochaine, elle ira aux États-Unis pour perfectionner son anglais, je pense que j'irai avec elle.
> La semaine dernière, elle m'a présenté ses parents. Ils habitent à la campagne, ils sont très sympas. Il faisait très beau, c'était un week-end extraordinaire !
> Je te raconterai la suite dans ma prochaine lettre…

Situations

🗣 PARLER

1. Racontez votre premier rendez-vous amoureux.
2. Lisez cet article de presse.

LE POINT DE VUE DE... Robert Neuburger[1], thérapeute de couple

« On a compris qu'on était faits l'un pour l'autre parce que nous n'avons rien en commun », m'a confié un jour un couple. Aucune étude statistique ne prouve que ceux qui se ressemblent « réussissent » mieux. Il n'y a pas de règle. De quoi relativiser la question des normes sociales – comme la complémentarité – auxquelles les couples sont confrontés. Des personnes très différentes peuvent se rapprocher, ou s'éloigner à cause d'évolutions personnelles, ou quand l'un provoque une crise majeure en voulant (par optimisme ou aveuglement) faire changer l'autre « par amour ». À trop se ressembler on risque aussi la fraternisation, danger qui guette certains couples, notamment ceux qui se sont rencontrés jeunes.

Marie-France, juillet 2005.

1. auteur de *On arrête, on continue ? Faire son bilan de couple*, Payot.

Donnez votre avis :
Faut-il se ressembler ou être différents pour s'entendre ?
Quelles sont les conditions idéales pour que deux personnes s'entendent (amis ou couple) ?

📖 LIRE

3. Lisez cet article.

FAMILLE RECOMPOSÉE. LUI, MOI ET... SES ENFANTS

En dix ans, de 1990 à 1999, le nombre des familles « patchwork » a augmenté de 10 % : un foyer (avec enfant) sur dix est aujourd'hui recomposé.

1,6 million d'enfants sont directement concernés. 63 % d'entre eux habitent avec leur mère. Mais comme statistiquement, les hommes ont non seulement plus de chances de refaire leur vie (44% pour les hommes contre 28% pour les femmes) mais aussi de se remettre en couple plus vite, les enfants font généralement l'apprentissage de la recomposition familiale chez... leur père. Leur belle-mère sera en moyenne plutôt jeune (dans 59 % des cas, la femme a moins de 40 ans) et plutôt encline à fonder un foyer. [...]

Les belles-mères occupent une « drôle de place », résume la psychanalyste Marie Dominique Linder. [...]

Tandis que certaines d'entre elles nous parlent de la qualité de leur relation avec leurs beaux-enfants, la plupart confient leur sentiment de « mise à l'écart », de rejet, de « non reconnaissance » et, parfois, leur envie de « prendre la poudre d'escampette ». L'application des règles de vie assez basiques et l'adoption de comportements tout aussi élémentaires suffisent souvent à calmer le jeu et à instaurer un climat relativement serein. Il est des pièges qu'il convient cependant de déjouer et des erreurs qu'il vaut mieux ne pas commettre. Dans tous les cas, gardez à l'esprit que votre rôle est loin d'être négligeable : « La vie des enfants sur laquelle vous vous greffez soudainement dépendra beaucoup de votre comportement », selon Edwige Antier, pédiatre, auteur de *L'Enfant de l'autre* (éd. Robert Laffont). Patience, adaptabilité et respect semblent être les maîtres mots de l'apprentissage du métier de beau-parent.

SIC/Carole de Landtsheer, *Avantages*, avril 2004.

4. Remplissez cette grille de compréhension :
Cochez la bonne réponse.

	V	F
1. Deux foyers sur 10 sont une famille recomposée.	☐	☐
2. 63 % des enfants des couples divorcés ou séparés habitent chez leur mère.	☐	☐
3. Les enfants font l'expérience de la famille recomposée chez leur mère.	☐	☐
4. Les belles-mères se sentent appréciées par toute la famille.	☐	☐
5. Patience, adaptabilité et respect sont indispensables pour être beau-parent.	☐	☐

5. Cochez la bonne définition :

a. **Qu'est-ce que qu'une famille « patchwork » ?**
1. une famille unie ☐
2. deux familles séparées qui se rassemblent. ☐
3. une famille divorcée ☐

b. **Qu'est-ce que veut dire « prendre la poudre d'escampette » ?**
1. avoir envie de crier ☐
2. s'enfuir ☐
3. nettoyer la maison ☐

6. Répondez aux questions suivantes :

1. À votre avis, pourquoi, après une séparation, les hommes ont-ils plus de chances de refaire leur vie ?
2. Comment appelle-t-on les membres d'une famille recomposée ?
3. À votre avis, quelles sont les règles de vie basiques qu'il faut adopter pour que tous les membres de la famille recomposée s'entendent ?
4. À votre avis, quelles sont les erreurs qu'une belle-mère ne doit pas commettre ?

ÉCRIRE

7. Écrivez un article sur la situation dans votre pays : célibat, mariage, nombre d'enfants, divorce, famille recomposée…

ÉCOUTER

8. Écoutez ces témoignages de rencontre et associez chaque récit à des photos.

A

B

C

D

Documents

Vie pratique

L'amour en ligne

Les premières histoires d'amour virtuelles se construisaient par l'échange de longues lettres qui mettaient des jours ou des semaines à arriver, certaines de ces correspondances sont restées fort célèbres.
Avant, pour rencontrer quelqu'un, pour « draguer », pour briser sa solitude, on sortait dans des cafés, des soirées, des boîtes de nuit ou on faisait appel à des agences de professionnels… Aujourd'hui, presque tous les gens seuls (ou pas) qui veulent rencontrer l'âme sœur ou juste un compagnon passent par Internet, cela va des ados aux sexagénaires. Nous sommes entrés dans l'ère du « cyberlove ». Et ce n'est pas prêt de s'arrêter depuis qu'Internet est arrivé dans la majorité des foyers.
Un Canadien a même demandé le divorce car sa femme avait un amant sur le Net. Les rencontres virtuelles finissent de plus en plus souvent par des mariages, des enfants, des grandes histoires d'amour, de simples aventures ou des relations qui ne se transposent pas dans le réel, mais tout cela ne choque plus grand monde. Cécile et Rachid ont commencé à « tchater » pendant des mois puis ils se sont rencontrés, installés, ils ont fait un enfant, acheté une maison. Quoi de plus conventionnel finalement ?
L'offre se spécialise de plus en plus avec des sites thématiques de rencontre : adolescents, étudiants, seniors, parents isolés, mixité culturelle, même religion…

1. Quels commentaires pouvez-vous faire sur le logo et le slogan « vous allez aimer » de ce site de rencontre ?

2. Vrai ou Faux ?

	V	F
a. Internet est encore un mode de rencontre mal vu par la société.	☐	☑
b. Les histoires d'amour qui commencent sur le Net évoluent comme la majorité des histoires d'amour.	☑	☐
c. Les sites de rencontre se diversifient de plus en plus pour s'adapter à des demandes plus précises.	☑	☐
d. Seuls les 15-20 ans utilisent Internet pour rencontrer quelqu'un.	☐	☑

L'œil du sociologue

La vie privée des Français

La structure des ménages selon le type de famille

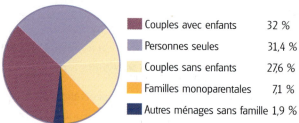

- Couples avec enfants — 32 %
- Personnes seules — 31,4 %
- Couples sans enfants — 27,6 %
- Familles monoparentales — 7,1 %
- Autres ménages sans famille — 1,9 %

Site ministère des Affaires étrangères, La France de A à Z (chiffres de 2004 / 2005).

Saison : deux mariages sur trois sont célébrés de mai à septembre ; le jour privilégié est le samedi.
Préparation : on commence à organiser son mariage de six à dix-huit mois avant le jour J.
Âge : En 2005, l'âge moyen du couple pour se marier est de 29 ans (23 ans dans les années 60). Le mariage le plus long : le record est de 80 ans de vie commune. Les mariés les plus âgés : lui avait 103 ans, elle 84.
Mode d'emploi : 60% des couples qui se marient vivent déjà ensemble, alors qu'ils n'étaient que 8% entre 1960 et 1969. Moins d'un couple sur deux se marie à l'église.
Le fruit des unions : plus de la moitié des premières naissances (53%) ont lieu hors mariage.
Divorce et recomposition : On compte en moyenne un divorce pour trois mariages. De plus en plus de jeunes mariés se séparent après quelques mois d'union, de plus en plus de « vieux époux » divorcent après vingt-cinq ans de mariage. Les remariages et les familles recomposées sont très nombreux.
Unions libres : le nombre de couples non mariés continue d'augmenter : 2,4 millions en 1998 contre 1,5 million en 1990, soit près d'un couple sur six. 8 Pacs (**pa**cte **c**ivil de **s**olidarité) pour 100 mariages.
Mixité : les mariages mixtes représentent 10,1% du total des mariages contre 6,2% en 1970.
D'un point de vue juridique, l'union d'un conjoint français et d'un étranger permet à ce dernier d'acquérir une carte de résident et la protection contre la reconduite à la frontière et l'expulsion. Par ailleurs, il lui est possible d'acquérir la nationalité française par déclaration dans un délai de 4 à 5 ans minimum (sous condition de vie commune avec le conjoint).
Le célibat : presque 14 millions de personnes vivent seules, de plus en plus par choix, selon les observateurs. Certains couples décident aussi de faire « chacun chez soi ».

a. Quelle est la situation dans votre culture : mariages, divorces, mixité… ?
b. Existe-t-il une solution alternative au mariage classique, comme le Pacs en France ?
c. Êtes-vous étonnés du grand nombre de personnes seules en France ? Est-ce comparable dans votre pays ?

Le journal à plusieurs voix

emilieletellier@hitmail.fr.franceville : Tu n'a pas envie de te marier ? Moi, j'en rêve, je voudrais avoir une maison, des enfants.

hugomaturin@marseille.yahu.fr : Mais enfin, je ne te comprends pas. Tu as 17 ans et tu rêves de te marier ! Quelle idée ! Profite de la vie. Et puis, si tu as un copain, tu n'es tout de même pas obligée de te marier, on peut très bien vivre autrement.

lucielepavec@paris.fraa.fr : C'est un petit moment de déprime. Ça lui passera.

hugomaturin@marseille.yahu.fr : C'est vrai ; la dernière fois qu'on s'est vus, je trouvais que tu étais déprimée… Il y a quelque chose qui ne va pas ?

emilieletellier@hitmail.fr.franceville : Ça alors, on peut tout de même croire à l'amour sans être déprimée !

clotildepasteur@rouen.fraa.fr : Elle a raison. Je trouve que vous exagérez. Serge et moi, nous sommes mariés depuis 4 ans et ça va très bien. Ce n'est pas un enfer.

valentinemoreu@caen.wanaduu.fr : J'étais sûre que tu réagirais. Mais enfin, c'est vrai, chacun fait ce qu'il veut. Moi, je suis indépendante. Toi, tu préfères être en couple.

clotildepasteur@rouen.fraa.fr : Qui t'a dit que je n'étais pas indépendante, moi aussi ? On vit en couple, ça ne veut pas dire qu'on est tout le temps ensemble. Chacun a ses amis et ses loisirs. Et puis, on se retrouve pour de bons moments…

jeannekeller@strasbourg.fraa.fr : Bon, je vois que tout le monde m'a oubliée. Au sujet de mon moral, je vous rassure, je suis très heureuse avec mon chat.

À vous, entrez sur le forum et donnez votre opinion sur le célibat et la vie de couple.

Le coin des livres

La Conversation amoureuse, Alice Ferney

Il n'avait pas tellement envie de sortir seul. Sans un autre qui se tient à côté de vous, rire, parler, apprendre, chanter… sont des actes qui ont peu de sens. Comme pouvait être triste cet appartement vide ! L'espace appartenait à la longue silhouette qui chaloupait de la cuisine au salon et à la chambre. Il faisait les gestes qu'il avait à faire en pensant à Pauline. Il se déshabillait, jetait ses affaires sales dans un grand panier, se douchait, passait un léger coup de rasoir électrique sur ses joues et son menton, jetait un coup d'œil dans la glace pour vérifier le visage qu'il avait, se caressait le menton, puis enfilait des vêtements décontractés pour aller à cette soirée. Pauline. Comme il l'aimait ! Comme il était habitué à sa présence ! Il aperçut sur le lit les vêtements que sa femme avait enfilés sous ses yeux le matin même. La part automatique de sa pensée en déduisit qu'elle s'était changée pour dîner. Mais il n'avait pas vu avec quelle attention et recherche elle avait fait cela : s'apprêter pour un amant. S'il avait vu, il aurait deviné : qu'elle dînait avec un homme, qu'elle voulait lui plaire, qu'il n'était pas anodin. Mais tout cela étant resté secret, Marc Arnoult était heureux.

Je ne suis pas jaloux ! disait-il souvent à sa femme. Ce n'était pas faux. Pauline protestait. Menteur ! disait-elle en riant. Il avait, pensait-elle, une sorte de jalousie camouflée, une manière dont on pouvait ne pas avoir honte. Elle n'avait pas manqué de voir les subtils désintérêts et les visages lugubres ou clos par lesquels il avait su congédier certains de ses amis dont il devait bien être jaloux peu ou prou. Après le dîner, lorsqu'ils étaient partis (se demandant sans doute quel genre de mufle avait épousé leur amie Pauline), il les épinglait d'une critique parfaitement vue. Elle en riait sous cape. Tu es jaloux, disait-elle. Crois-le si ça te fait plaisir ! répondait-il.

© ACTES SUD, 2000.

> **L'AUTEUR**
> Alice Ferney conjugue sa vie de professeur à l'université d'Orléans et de romancière confirmée. En 1997, elle a reçu le prix « Culture et bibliothèques pour tous » pour *Grâce et dénuement*.

> **LE LIVRE**
> Pauline, mariée, rencontre Gilles, en instance de divorce. Alice Ferney analyse les étapes et toutes les nuances de la conversation amoureuse.

Comment l'auteur parvient-elle à montrer l'attachement profond entre les personnages et en même temps leurs difficultés à se comprendre et à communiquer ?

5 UNITÉ Vivre à plusieurs
oral

Cohabiter 🎧

HUGO : Je partagerais bien un appartement avec un copain. Je trouve le mien trop petit.
ADRIEN : Oui. C'est une bonne idée. L'année dernière, nous étions trois dans le même appartement. Ça s'est plutôt bien passé...
VINCENT : Moi, je n'ai pas un très bon souvenir de ma vie en cité universitaire.
HUGO : Justement, partager un appartement à plusieurs, ce n'est pas du tout pareil.

HUGO : Si on partageait un loyer à deux, on pourrait se trouver un appartement agréable, non ?
SÉBASTIEN : Euh, tu sais, moi, je suis plutôt indépendant. La plupart du temps je suis absent et je vis dans un petit appartement dont je suis très content.
HUGO : D'accord, j'ai compris...

HUGO : Tu serais d'accord pour partager un appartement avec moi ?
JULES : Pendant quelques jours, oui... bon ne fais pas cette tête ! Ça dépend de l'appartement, et ça dépend du prix.
HUGO : Tu peux mettre combien ?
JULES : Tu sais, la somme dont je dispose chaque mois, c'est 500 euros, pas plus.
HUGO : Justement, j'en ai visité un qui fait 1 050 euros pour 65 m². Si tu paies la moitié, ton loyer sera alors de 525 euros, c'est bon ?
JULES : Écoute, je vais réfléchir.

HUGO : Un 65 m² à 1 050 euros par mois, ça t'intéresserait ?
VALENTINE : C'est une demande en mariage ?

> **Le présent du conditionnel :**
Tu serais d'accord pour partager un appartement avec moi ?

> **La condition, les hypothèses :**
Si on partageait un loyer à deux, **on pourrait** se trouver un appartement.

> **Les adjectifs et pronoms indéfinis :**
Cette fête entre voisins connaît **chaque** année un vrai succès.
La plupart du temps, je suis absent.

écrit

Immeubles en fête

MARDI 25 MAI 2004 — ACTUALITÉ — FRANCE-SOIR

L'opération, dont la 5ᵉ édition se déroule ce soir, gagne l'Europe

VOISINS, VOISINES FONT COPAINS, COPINES

▶ Créée en 1999, cette fête entre voisins connaît chaque année un succès qui détonne avec l'anonymat de la fourmilière urbaine : parmi les 96 % de la population vivant en zone urbaine, peu de citadins échangent davantage qu'un simple bonjour avec leurs voisins. La plupart ne se regardent pas.

▶ « Les gens ont toujours investi dans les briques. Aujourd'hui, certains ont compris qu'ils devaient aussi investir dans ceux qui habitent les briques. Il faut se réapproprier les espaces publics de quartiers, aujourd'hui désertés par tous. » remarque Marie Arena, ministre belge.

▶ L'année passée, trois millions de personnes ont été initiées et ont participé à la fête de voisinage. « Dans ce contexte de repli sur soi, de peur de l'autre, les gens avaient sûrement besoin d'améliorer leurs relations : ils ont tout de suite adhéré au concept, et l'ont développé de façon spontanée », explique Atanase Périfan, fondateur de la manifestation.

▶ La cinquième édition de l'opération, qui se déroule ce soir dans environ deux cents villes françaises, prend du coup une dimension européenne : plus de trente villes de l'Union pourraient participer à la manifestation. Apéritifs à La Rochelle, pique-nique et floraison des balcons à Strasbourg, karaoké à Lille ou atelier-théâtre à Caudebec-lès-Elbeuf (76), les initiatives se déclinent dans toutes les versions et à tous les modes. Même les entreprises s'y mettent : elles ont invité les salariés des entreprises voisines à mieux se connaître.

▶ La journée de la fraternité, qui se tient cette année partout à la même date, a visiblement réveillé les réflexes de solidarité : organiser des rencontres avec des voisins handicapés, ou rompre l'isolement des personnes âgées qui habitent à deux pas sont autant d'initiatives prises par les habitants des villes.

▶ Mais un verre partagé entre inconnus débouche-t-il vraiment sur une relation durable ? « Ça améliore le seuil de tolérance de l'autre tout en impulsant une vraie solidarité », estime Marie Arena qui ajoute : « Depuis la fête de l'année dernière, je suis devenue plus proche d'une de mes voisines ».

*Anne-Noémie Dorion,
France-Soir, 25 mai 2004*

activités

1. Relevez tous les verbes au présent du conditionnel et cherchez leur emploi.

2. Que pensez-vous de ce type de manifestation ?

OUTILS vocabulaire

1 L'habitat (suite)
Écrivez les légendes des photos.

un manoir – un pavillon – un lotissement –
une résidence – un immeuble

2 Le locataire et le propriétaire
a. Complétez le texte avec le vocabulaire suivant.

le loyer – mon voisin – copropriété – le bail –
une caution – voisinage

Ça y est ! Je suis installé. J'ai loué une chambre de bonne à côté de l'université, .le loyer. n'est pas cher, c'est trois cents euros par mois. J'ai signé .le bail. à l'agence lundi dernier et j'ai versé .une caution. qui correspond à deux mois de loyer. Le propriétaire habite l'immeuble au premier étage, c'est .mon voisin. Nous avons d'excellentes relations de .voisinage. nous discutons régulièrement sur le palier. L'immeuble est une petite .copropriété., il y a seulement dix propriétaires. Ils ont organisé une fête dans le hall de l'immeuble au mois de juin.

b. Trouvez des mots de la même famille.
Locataire : location, louer, loyer
Propriétaire : copropriété, propriété, propre

3 L'appartement, les pièces (rappel)
Dessinez l'appartement de vos rêves, indiquez chaque pièce et la superficie totale de l'appartement.

4 Le colocataire parfait
a. Rédigez une fiche pour trouver le colocataire parfait qui partagera avec vous l'appartement de vos rêves.

1. Identité	2. Vos goûts
▶ Âge : ……	▶ J'aime bien ……
▶ Sexe : féminin masculin	▶ J'adore ……
	▶ Je déteste ……
▶ Nationalité : …	▶ Je suis gêné(e) par… /
▶ Profession : ……	je suis dérangé(e) par…
▶ Étudiant en ……	

60 /soixante / UNITÉ 5

vocabulaire

b. Et déterminez :

3. Ses goûts
- le sport
- la musique
- le théâtre
- le cinéma
- la lecture
- les voyages

4. Son caractère
- timide ≠ introverti(e), extraverti(e)
- ouvert(e) ≠ fermé(e)
- ordonné(e) ≠ désordonné(e)
- social(e) ≠ asocial(e)
- amusant(e) / drôle ≠ ennuyeux(se)

5. Vos habitudes et ses habitudes
- heures de lever (tôt ≠ tard)
- heures de coucher
- sieste
- nourriture et repas
- ...

6. Les sujets qui fâchent
- le ménage (la saleté ≠ la propreté)
- le désordre (≠ l'ordre)
- la fumée de cigarette
- les animaux domestiques
- le petit copain ou la petite copine
- les amis
- les soirées improvisées
- le bruit
- le loyer impayé
- ....

phonétique

Les enchaînements

1 Repérage

Écoutez à nouveau le dialogue page 58.
a. Remarquez qu'il n'y a pas d'arrêt de la voix entre certains mots qui sont enchaînés.

Exemple : Je partagerais bien un appartement avec un copain.

b. Notez ⌣ tous les enchaînements et liaisons que vous entendez.

> **LES ENCHAÎNEMENTS** peuvent se réaliser :
> • entre deux sons de voyelles :
> *Exemple :* bien un → /bjɛ̃œ̃/
> appartement avec → /apartəmɑ̃avɛk/
> • entre un son de consonne et le son de voyelle suivant :
> avec un → /avɛkœ̃/
>
> **LA LIAISON** est un enchaînement avec une consonne muette :
> un appartement → /œ̃napartəmɑ̃/

c. Classez les enchaînements et liaisons que vous avez notés dans le tableau.

1. Enchaînement vocalique	2. Enchaînement consonantique	3. Liaison
bien un appartement avec ...	avec un (copain) ...	un appartement ...

2 Entraînez-vous

Écoutez et répétez chaque série :
a. Enchaînement vocalique.
Série 1 : voyelles nasales + voyelles
Série 2 : /Œ/ – /y/ – /u/ – /E/ – /O/ – /a/ – /i/ + voyelles.
Série 3 : h aspiré* + voyelles
Exemple : Les Halles [leal]

* Le h dit aspiré n'est nullement aspiré en français, il signale simplement une liaison interdite, remplacée par un enchaînement vocalique.

b. Enchaînement consonantique.

> **Attention !**
> Pas d'enchaînement consonantique devant un h aspiré.
> La voix marque un arrêt. *Exemple :* les fuyards honteux, de bizarres hasards, un fort hussard, il part hâtivement.

3 À vous de jouer !
a. Lisez ce poème de Jacques Prévert et notez les liaisons et les enchaînements possibles.

Immense et rouge
Au-dessus du Grand Palais
Le soleil d'hiver apparaît
Et disparaît
Comme lui mon coeur va disparaître
Et tout mon sang va s'en aller
S'en aller à ta recherche
Mon amour
Ma beauté
Et te trouver
Là où tu es.

Paroles, Jacques Prévert © Éditions Gallimard.

Puis, écoutez-en la lecture pour corriger.
b. Relisez ce poème à voix haute, en réalisant les bons enchaînements.
c. Entraînez-vous à relire le dialogue de la p. 58 en marquant bien les enchaînements.

OUTILS grammaire

1 Le présent du conditionnel
(rappel et suite)

a. Observez.

Plus de trente villes de l'Union **pourraient** participer à la manifestation.

b. Indiquez à quel emploi du présent du conditionnel correspond chaque situation.

> **EMPLOI**
> - demande polie
> - proposition, suggestion
> - souhait, désir
> - information incertaine
> - conseil

c. Conjuguez les verbes entre parenthèses au présent du conditionnel et précisez l'emploi de chaque verbe.

1. Toi et moi, on (pouvoir) louer un appartement, est-ce que tu (être) d'accord ?
2. Je vous (être) reconnaissant de bien vouloir me faire parvenir un bulletin d'inscription.
3. Imagine : nous (habiter) au bord de la mer, nous (avoir) une maison avec un jardin.
4. Le président de la République (aller) à Londres la semaine prochaine.
5. Il (falloir) que tu écrives à tes parents.

d. Décrivez le colocataire parfait.

e. À vous, écrivez une phrase pour chaque emploi du conditionnel présent.

grammaire

2. La condition, les hypothèses

a. Écoutez et observez.
— Si **tu paies** la moitié, ton loyer **sera** de 525 euros.
— Si **on partageait** un loyer à deux, **on pourrait** se trouver un appartement agréable, non ?

EMPLOI DE *si*
- *Si* + présent / futur } → Probabilité forte
- *Si* + imparfait / conditionnel présent } → Probabilité faible

b. Conjuguez les verbes entre parenthèses.
1. Si nous *(avoir)* du courage, nous ferions du sport.
2. Si elle te donne de l'argent, tu *(faire)* les courses.
3. Si tu le *(vouloir)*, tu pourrais y arriver.
4. Si j'avais un magasin, ce *(être)* un magasin de vêtements.
5. Si je *(être)* un artiste, je serais écrivain.
6. Si on se mariait, on *(avoir)* des enfants.

c. Que feriez vous si…
1. … vous aviez beaucoup d'argent ?
2. … vous aviez un an de vacances ?
3. … vous arrêtiez de fumer ?
4. … vous faisiez du sport ?
5. … vous parliez beaucoup de langues ?
6. … vous aviez un bateau ?

d. À votre tour, posez des questions à un élève de la classe.

3. Les expressions de la quantité

Les adjectifs et les pronoms indéfinis : *quelques, plusieurs, chaque, tout/toute/tous/toutes, certaines*

a. Observez.
Chaque année, cette fête entre voisins connaît un grand succès.
Certains ont compris qu'ils devaient aussi investir dans ceux qui habitent les briques.
La plupart du temps, je suis absent.
Pendant **quelques** jours, oui…
Justement, partager un appartement à **plusieurs**, ce n'est pas du tout pareil.
Les initiatives se déclinent sur **toutes** les versions et **tous** les modes.

b. Répondez aux questions en utilisant un adjectif ou un pronom indéfini.

Exemple : — Vous avez apporté quelques dossiers pour travailler chez vous ? → — **Non, je les ai tous apportés.**

1. — Vous partagez votre appartement ? → …
2. — Vous allez voir vos parents tous les mois ? → …
3. — Vous restez longtemps à Franceville ? → …
4. — Tout le monde vient dîner ? → …

c. Réécrivez ces phrases en utilisant les adjectifs *tout/toute/tous/toutes* quand c'est possible.

1. Le matin, nous allons boire un café avec le personnel du service comptabilité.
Chaque jour, chacun apporte, à tour de rôle, des croissants.
2. Les membres du conseil d'administration ont voté, à l'unanimité, l'augmentation des salaires.
3. Chaque nuit, l'équipe fait une pause à une heure du matin.
4. Le soir, on termine le travail à 18 heures, il faut être à la gare avant 18 h 30 pour ne pas rater le train de 18 h 35, sauf le vendredi parce que nous finissons à 17 heures.
5. Les pièces de théâtre que je suis allé voir chaque semaine étaient mises en scène par le groupe d'acteurs du théâtre Vox.

4. Les propositions incises

a. Observez.
« Les gens ont toujours investi dans les briques. Aujourd'hui, ils ont compris qu'ils devaient aussi investir dans ceux qui habitent les briques. Il faut se réapproprier les espaces publics de quartiers, aujourd'hui désertés par tous », **remarque** Marie Arena, ministre belge.

b. Réécrivez ces phrases au style direct, utilisez les verbes suivants dans des incises.

remarquer – estimer – ajouter – dire – expliquer – penser

1. Atanase Périfan, le fondateur de la manifestation, m'a expliqué qu'il était possible de changer la vie d'un quartier grâce à une fête organisée dans la rue. Après une fête de quartier, on se dira bonjour dans la rue.
2. Marie Arena, la ministre belge, pense qu'il est important que les gens du quartier puissent se rencontrer.
3. Annie Noémie Dorion, journaliste, disait qu'il fallait créer ces manifestations parce qu'elles correspondaient à un besoin dans les villes où on ne se parle jamais.

Situations

🗣 PARLER

1. Imaginez que vous partagez un appartement avec des amis. Racontez une cohabitation de rêve : ville, quartier, appartement, loyer, colocataires, relations entre les colocataires, etc.

2. Préférez-vous vivre seul(e) ou avec des colocataires ? Argumentez.

📖 LIRE

3. Lisez cet article de presse, remplissez la fiche de compréhension et répondez aux questions de 4.

QUAND SENIORS ET ÉTUDIANTS COHABITENT

Deux générations sous un même toit, sans lien familial. Des décennies d'écart, des attentes et un rythme différent et pourtant… La formule permet des expériences enrichissantes.

D'un coté, des étudiants en recherche de logement. De l'autre, des retraités qui souhaitent rompre leur isolement et se sentir plus utiles. Pourquoi ne pas les réunir sous le même toit afin de répondre à leurs besoins respectifs ?

Le principe est simple : la personne âgée, autonome et valide, met une chambre à disposition de l'étudiant. En échange de la gratuité du loyer, ce dernier s'engage à rendre des services déterminés par avance dans une liste validée par les parties : aider aux courses et à la préparation des repas, accompagner la personne chez le médecin, sortir le chien… sa seule contribution financière se limite à la participation aux charges.

Au-delà de son aspect pratique, la cohabitation est basée sur une relation de respect et de confiance mutuelle qui se teinte souvent d'amitié, voire de complicité. Pour autant, cette formule d'habitat intergénérationnel ne doit pas être présentée comme solution miracle aux problèmes de logement : en France, les retraités hésitent encore à ouvrir leur porte. C'est d'autant plus dommage que, sérieusement encadrée, elle donne de bons résultats.

L'exemple de l'Espagne, initiatrice de cette généreuse idée, en est la meilleure preuve. Depuis une dizaine d'années, des associations mettent en relation jeunes et personnes âgées. À Madrid, 170 binômes sont ainsi formés chaque rentrée universitaire, 230 à Barcelone. En France, les premières expériences datent de la dernière rentrée scolaire. À Paris, Lyon, Montpellier… des associations se sont rapprochées d'une part des grandes écoles et du CROUS (chargé du logement étudiant), d'autre part des collectivités et professionnels (mairies, centres communaux d'action sociale, médecins). La préparation en amont est capitale. Les fiches de renseignements, remplies lors d'entretiens individuels, prennent en compte les désirs, attentes et préférences de chacun. Chaque association s'appuie sur une charte de bonne conduite signée par les deux parties. Elle visite les logements, assure le suivi et joue le rôle de médiateur en cas de problème. Quelques dizaines de binômes fonctionnent actuellement avec succès. La prochaine rentrée scolaire devrait donner un coup d'accélérateur à cette formule, encouragée par la charte « Un toit, deux générations » présentée en mars dernier par la secrétaire d'État aux personnes âgées, Catherine Vautrin.

Emmanuelle Saporta,
Pleine Vie, Juillet 2005

4. Choisissez les bonnes réponses. Attention, plusieurs bonnes réponses sont possibles.

a. Quel est le pays à l'origine de cette idée ?
1. La France ☐   3. L'Italie ☐
2. L'Allemagne ☐   4. L'Espagne ☒

b. Quel est le contrat établi entre l'étudiant et la personne âgée ?
1. La personne âgée loue une chambre à l'étudiant. En échange, l'étudiant rend divers services déterminés par avance dans une liste validée par les parties. ☒
2. La personne âgée loue une chambre à l'étudiant. En échange, l'étudiant paie un loyer qui correspond à la moitié du loyer total. ☐

c. Quel loyer paie l'étudiant ?
1. La chambre est gratuite. ☐   2. Il paie une partie des charges. ☒
3. Il paie un loyer proportionnellement au nombre de mètres carrés occupés. ☐

d. Qu'est-ce que sont les charges ?
1. Une somme à payer pour l'entretien mensuel de l'appartement. ☒
2. Une somme à payer pour l'entretien mensuel de l'immeuble. ☐
3. Une somme à payer pour organiser des fêtes de quartier. ☐

e. Quel est le rôle des associations ?
1. Trouver des étudiants. ☐   3. Trouver une aide ménagère. ☐
2. Faire des contrats entre les deux parties. ☒   4. Servir de médiateur en cas de problèmes. ☐

5. Répondez aux questions.

a. Quel est l'intérêt de réunir un étudiant et une personne âgée dans un même appartement ?
b. Que pensez-vous de ce concept ?
c. Quelle est la situation du logement dans la capitale de votre pays ?

ÉCRIRE

6. Vous invitez les habitants de votre quartier à une petite fête. Vous rédigez un tract.

7. Vous faites un reportage sur une fête de quartier, vous avez interviewé les habitants. Vous rédigez un article et vous n'oubliez pas de donner le point de vue des habitants.

ÉCOUTER

8. Que cherchent-ils ?   Ils cherchent un appartement à partager.

	Profil de la personne ou des personnes qui partageraient l'appartement	Contribution au loyer	Nombre de pièces	Profil de la personne qui cherche une colocation
Annonce 1	une fille, 20 ans, Française	600 euros	5	Japonaise, 20 ans
Annonce 2	1 ou plus garçons	500 euro		25, calm, non, étudiant tunes
Annonce 3	ouvert qui l'aime voyage, lecture, de gens	participation	3	23, étudiante italienne

9. Que cherchent-ils ?   Ils cherchent un colocataire.

	Profil de la personne ou des personnes qui recherchent des colocataires	Loyer total	Nombre de pièces	Profil du colocataire recherché
Annonce 1		2000 eu	5	25y sans enfant, 30 ans végétarienne, étudiante, non fumeuse
Annonce 2	28 ans			fille, garçon, blonde, des yeux bleus
Annonce 3	Japonaise	900 eu	3	asiatic et calm, sympatique

Documents

Vie pratique

Une « auberge espagnole[1] » en France

Il est si difficile de trouver un logement en France que lorsqu'on est jeune, peu fortuné et qu'on n'apprécie pas la solitude, la meilleure solution reste la colocation. On partage tout. Les factures d'électricité et de téléphone, les charges locatives, les petits plats, les grandes dépenses… et pourquoi pas les grosses déprimes. Cela demande une organisation sans faille. Évidemment, le casting du ou des colocataire(s) est une étape obligatoire. Mieux vaut privilégier les qualités d'adaptation, d'écoute, de bonne humeur, voire d'humour, que la couleur des yeux ! Une majorité d'étudiants choisissent de vivre avec des amis ou de la famille. Mais quand on n'a pas de « coloc » sous la main, le trouver s'avère être une tâche délicate.

De nombreux sites proposent désormais des annonces, comme : appartager.com, colocation.fr. Ce dernier organise aussi « Les Jeudis de la colocation », soirées hebdomadaires à Paris, Lyon et Marseille où l'on peut rencontrer des colocataires dans un bar de 19 à 22 heures ; le ticket d'entrée est de 5 euros.

1. Locution figurée en français : lieu, situation où l'on trouve ce que l'on a soi-même apporté. Cette locution est aussi le titre du film *L'Auberge espagnole* de Cedric Klapisch, dans lequel plusieurs étudiants de différentes nationalités partagent un logement à Barcelone.

a. Que signifie le mot « coloc » ?
b. Quel est le jeu de mots sur les pronoms personnels de l'affiche du premier logo (ci-dessus) ? Expliquez-le.

c. Quels sont les deux mots mélangés dans le deuxième logo ?

L'œil du sociologue

Sans toit ni loi

L'abbé Pierre a défendu les mal-logés en France de 1954 (hiver particulièrement rigoureux) à sa mort en janvier 2007. Il reste le personnage que les Français associent à l'engagement pour les déshérités. En février 2006, la Fondation Abbé Pierre a présenté son dixième *Rapport annuel* sur l'état du mal-logement. On compte toujours plus de trois millions de personnes sans logement ou mal logées, et, phénomène tout aussi inquiétant, près de 5,7 millions de personnes sont en situation de réelle fragilité à court ou moyen terme par rapport à leur logement. Près d'un million de personnes sont hébergées chez des tiers (famille, amis, ou autres). L'emballement des loyers et le manque de logements sociaux crée des situations d'itinérance entre chambres d'hôtels, centres d'hébergement, habitats de fortune, qui font des personnes ou ménages concernés des sans-domicile permanents.
Une loi de l'année 2000 oblige chaque commune française à faire construire 20 % de logements sociaux sous peine de payer des amendes. Beaucoup de communes « chics » contournent la loi et préfèrent payer, plutôt que d'investir dans le logement et de tenter l'aventure de la mixité sociale.
Votée en 2007, une loi sur le droit au logement opposable devrait garantir le relogement social aux SDF[1] et aux personnes en situation de logement précaire.

1. Sans domicile fixe.

a. Quelle est la situation dans votre pays concernant le logement ?
b. Y a-t-il autant de sans-abri qu'en France ?
c. Y a-t-il une personne comme l'abbé Pierre qui symbolise l'aide aux déshérités ?

Le journal à plusieurs voix

lucielepavec@paris.fraa.fr : Tu es allé à la fête de ton quartier ?

vincentletellier@paris.fraa.fr : Moi, tu sais, ce genre de choses, ça m'embête. Quand je rentre chez moi, c'est pour être tranquille.

lucielepavec@paris.fraa.fr : Tu as tort, Vincent. C'était super ! Au début, je ne voulais pas y aller. Mais les copains ont insisté lourdement !

vincentletellier@paris.fraa.fr : Et alors ?…

lucielepavec@paris.fraa.fr : Alors, il y avait des jus de fruits, des tartes… Jamais je n'aurais imaginé qu'il y aurait autant de monde…

vincentletellier@paris.fraa.fr : Tu ne trouves pas qu'on voit assez de gens dans la journée ?

lucielepavec@paris.fraa.fr : Pas nos voisins. On ne se rencontre jamais. Figure-toi qu'à deux pas de chez moi, il y avait Patrick Bruel et que je ne le savais pas.

vincentletellier@paris.fraa.fr : Patrick Bruel, pas possible !

lucielepavec@paris.fraa.fr : Enfin, quelqu'un qui ressemble à Patrick Bruel.

vincentletellier@paris.fraa.fr : C'est déjà beaucoup moins intéressant. Et puis ?

lucielepavec@paris.fraa.fr : Et donc il me connaissait ! Il m'a proposé de déjeuner avec lui demain.

vincentletellier@paris.fraa.fr : Je vois. Une histoire sentimentale…

lucielepavec@paris.fraa.fr : Et alors ?

Quelle bonne idée ! Entrez sur le forum et demandez des conseils à Lucie pour organiser une fête dans votre quartier.

Le coin des livres

La Société de la peur, Christophe Lambert

Il y a encore trente ans de cela, les petites villes du midi de la France s'animaient le soir venu. Dès les beaux jours, chacun sortait sa chaise sur le trottoir pour « blaguer » avec ses voisins et commenter les événements du jour. Aujourd'hui, c'est la télévision qui crée le lien. Les rues des petits villages du Gard ou de l'Hérault ne sont plus animées que par le générique tonitruant du journal de 20 heures. Une drôle de lumière bleutée perce alors depuis les volets entrouverts pour éclairer des rues désespérément vides, et les Français se retrouvent pour participer ensemble, mais à distance, à la dernière grand-messe fédératrice.

Si la télévision a brisé le lien social de proximité, elle a au moins permis de créer un lien fédérateur entre les citoyens devenus avant tout des téléspectateurs. Les habitants de Sommières ou d'Aigues-Mortes ne descendent plus leurs chaises, le soir, sur le trottoir, mais ils parlent encore ensemble, le lendemain, de ce qu'ils ont vu à la télévision la veille. Les tracas d'une *Femme d'honneur*[1] et les scènes de ménage parfois salées de *Chouchou et Loulou*[2] ont remplacé, dans les conversations, les fréquentations du petit voisin ou les frasques de la boulangère.

L'apparition et l'explosion d'Internet vont renforcer l'isolement et la solitude de l'individu. Internet est ainsi au cœur d'un immense malentendu. Présenté comme l'outil de communication globalisée par excellence, le net consacre en fait la toute-puissance du moi. Seul face à son écran, l'internaute croit avoir accès à tous les citoyens du monde comme à l'ensemble de la connaissance. Il est même persuadé qu'il peut à son tour apporter sa contribution à la pensée universelle. Il ne fait que se perdre dans un écran narcissique qui a remplacé le miroir magique des contes de fées. Le monde ne forme plus qu'une immense toile dont chaque internaute est le centre. Virtuellement relié à tous, l'individu internaute est plus que jamais seul, réellement seul.

© PLON, 2005.

---
1. Série hebdomadaire dont l'héroïne est une femme commissaire de police. – 2. Série de sketches quotidiens, mettant en scène un jeune couple. Le succès de cette émission a rendu célèbres les deux acteurs.

> **L'AUTEUR**
> Christophe Lambert est président d'une grande agence publicitaire qui conseille certaines des plus grandes marques mondiales.

> **LE LIVRE**
> Ce livre tente d'apporter des réponses aux questions que se posent les Français dans cette période troublée et compliquée. Loin d'être fataliste, il propose des solutions pour guérir la France de ses phobies.

Répondez aux questions

a. Quelles sont, selon l'auteur, les causes de l'isolement des gens ?
b. Êtes-vous d'accord avec son opinion sur Internet ?

6 UNITÉ Voyager

oral

Partir 🎧

LA JOURNALISTE : Monsieur le maire, vous organisez demain à la mairie une journée sur les voyages. Pouvez-vous nous expliquer pourquoi ?
LE MAIRE : 30 % de la population de notre ville ne prend jamais de vacances. Il nous semble qu'il est urgent de trouver des solutions pour eux.
LA JOURNALISTE : Ce sont bien sûr des raisons économiques qui les obligent à rester chez eux, par manque de moyens.
LE MAIRE : C'est en effet la première raison. Les vacances, et notamment les voyages coûtent cher, surtout pour les familles nombreuses où les frais sont multipliés par le nombre de membres qui la composent.
LA JOURNALISTE : Pourtant, aujourd'hui on trouve des voyages à tous les prix. Il suffit de regarder sur Internet…
LE MAIRE : Justement. Nous voulons éviter les déceptions en informant mieux les consommateurs. Un voyage à bas prix n'est pas forcément une bonne affaire. Nous aidons d'abord les familles à mieux définir ce qu'elles veulent. Tout le monde n'a pas les mêmes goûts. Aller en Italie, au Mali ou aux Îles Caïman, ce n'est pas la même chose !
LA JOURNALISTE : En général, on a tout simplement envie de découvrir d'autres pays.
LE MAIRE : Pas nécessairement. On peut avoir envie d'être seul, envie de silence, ou au contraire envie de découvrir les autres avec leurs différences…
LA JOURNALISTE : Je crois que vous avez également prévu l'intervention de médecins pour informer les gens des précautions à prendre en matière de santé.
LE MAIRE : Oui, nous faisons venir des spécialistes des risques sanitaires et des vaccinations nécessaires pour certains pays. Certains partent à l'aventure, sans avoir la moindre idée de ce à quoi ils s'exposent !

> **Prépositions de lieu** (rappel) :
en Italie
au Mali
aux Îles Caïman

> **Le gérondif :**
en inform**ant** mieux
les consommateurs

> ***par, pour* :**
multipliés **par**
le nombre de membres

Ailleurs

Vous cherchez l'aventure ?

▶▶ Vous voulez faire de grandes découvertes : sommets à conquérir, fleuves turbulents à descendre en canyoning, déserts à traverser ? Vous pouvez traverser la cordillère Royale en Bolivie, ou partir à la découverte du Hoggar en Algérie.
La meilleure astuce : **Club Aventures**.

Vous rêvez de vous engager pour les autres ? Mais comment ?

▶▶ Tout simplement en vous adressant à des associations qui répertorient pour vous les missions où vous serez utiles : former les femmes d'un village au Mali, organiser des réunions sur la santé au Gabon ; aider à mettre en place une coopérative en Mauritanie…

Vous voulez retrouver la nature ?

▶▶ Vous avez le choix entre tous les continents : la mer, la forêt, la montagne vous attendent ! Partez au Costa Rica, où vous découvrirez la forêt tropicale, en Équateur, où vous admirerez les oiseaux merveilleux des Galápagos.
VIE SAUVAGE vous donnera les meilleurs conseils.

Vous avez envie d'être seul(e) ?

▶▶ Vous voulez faire de vos vacances un moment à vous. Vous souhaitez passer quelques jours sans parler à personne. Choisissez de faire une retraite dans un monastère. Vous y trouverez la paix et le silence dont vous avez besoin. Consultez le **Guide des Abbayes de France**.

activités

1. Quels sont les cinq premiers mots qui vous traversent l'esprit lorsqu'on vous parle de *voyage* ?

2. Trouvez les différents usages de *par* et *pour*.

3. Choisissez une des quatre destinations proposées, et justifiez votre choix.

4. Quel type de voyageur êtes-vous ?

> **La manière :**
sans + infinitif
sans avoir la moindre idée
de ce à quoi ils s'exposent

OUTILS vocabulaire

1 Les paysages (rappel et suite)

a. Quels sont ces paysages ?

une colline – une cascade – un fleuve – un volcan – une forêt – une plage – une montagne – une île – une vallée – une rivière

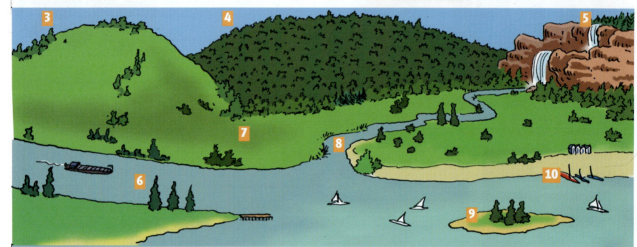

b. Que préférez-vous ? Pourquoi ?

Toute ma vie j'ai rêvé d'être une hôtesse de l'air…
Jacques Dutronc, chanteur

2 Les moyens de transport

le pilote – le commandant de bord – l'équipage – les hôtesses – les stewards
les ailes – la cabine – les sièges – la ceinture de sécurité – le gilet de sauvetage – les masques à oxygène – les portes – le couloir
pressurisé – dépressurisation – l'altitude – le décollage – l'atterrissage

a. Prendre l'avion. Vous voilà hôtesse de l'air (ou steward) d'Air France…

Mesdames et messieurs les voyageurs, nous vous souhaitons la bienvenue à bord de l'Airbus A 321 d'Air France. Votre attention, s'il vous plaît !
Avant le décollage, nous allons procéder à un rappel des consignes de sécurité…

À vous de continuer l'exposé des consignes de sécurité à bord de l'appareil !

… Nous vous souhaitons un vol agréable et vous remercions de votre attention.

70 /soixante-dix / UNITÉ 6

vocabulaire

b. D'autres moyens de transport.
Écrivez les légendes des dessins et associez à chaque mode de transport sa préposition.

1 en train

2 en autocar

3 en bateau

4 en camionnette

5 à pied

6 en voiture / en quatre sur quatre

7 à dromadaire

phonétique

Le rythme et la respiration

a. Les différentes façons de rythmer la phrase française. Écoutez et observez.
Que remarquez vous ? Pourquoi ?

1. Vous avez l'intention de créer votre entreprise.‖
2. Vous avez l'intention | de créer votre entreprise.‖
3. Vous avez l'intention | de créer | votre entreprise.‖

b. Recopiez 3 fois les 5 phrases suivantes. Écoutez chaque phrase, segmentée différemment et :
– notez les pauses simples par |, les pauses doubles par ‖ ;
– soulignez les syllabes accentuées ;
– et indiquez par des flèches si la voix monte ou descend.

1. Vous avez bien sûr des compétences dans le domaine ?
2. C'est un secteur dynamique où il y a pas mal de concurrence.
3. Pouvez-vous me dire par exemple quelles sont les précautions à prendre ?
4. Vous pourriez nous dire quels sont les prêts avantageux dans notre cas ?
5. Je vous propose qu'on se revoie dans deux semaines.

c. Écoutez et observez cette phrase. Les pauses sont déjà signalées par un signe : lequel ?
Les banques, la Région, certaines associations peuvent vous accorder un prêt.

d. Écoutez et rajoutez les virgules qui ont été enlevées à ces phrases. Puis lisez ces phrases en respectant les pauses et l'intonation.

1. Si vous voulez monter votre entreprise il faut faire une étude de marché.
2. Dans le secteur de la mode il y a beaucoup de concurrence.
3. Vous avez je crois un diplôme de styliste ?
4. Votre amie elle a fait de la gestion ?
5. Donc vous avez l'intention de monter votre entreprise.
6. Pour cela il faut que vous présentiez un projet plus complet.
7. Ensuite revenez nous voir.
8. Dans quelques semaines nous en reparlerons.

OUTILS

grammaire

1 Prépositions, villes et pays (rappel)

Écoutez le bulletin météo pour le prochain week-end.
Relevez les villes, régions, pays et continents cités.
Classez-les ensuite par genre et par nombre, et retrouvez à l'aide du tableau les prépositions qui leur sont associées.

	Genre et nombre	Le lieu où l'on est / Le lieu où l'on va	Le lieu d'où l'on vient
Villes	Tous	à Barcelone à Acapulco	de Barcelone d'Acapulco
Pays	Masculin singulier	au Zimbabwe en Irak	du Zimbabwe d'Irak
	Féminin singulier	en Lettonie en Arménie	de Lettonie d'Arménie
	Masc. et fém. pluriel	aux Pays-bas aux îles Marquises	des Pays-Bas des îles Marquises

2 Le pronom *y* marquant le lieu (rappel)

a. Quel autre pronom est associé au lieu ?

b. Répondez aux questions en utilisant les pronoms de lieu.
1. Tu vas souvent voir tes parents ?
2. Tu n'as pas encore visité Disneyland Paris ?
3. Tu ne manges jamais au restaurant ?
4. Et comment pensez-vous vous rendre là-bas ?
5. Tu rentres juste de Lisbonne ?

> **LE PRONOM DE LIEU *y***
> • Pour le lieu où l'on se trouve ou pour la destination
> J'habite **à** Paris. J'**y** vis depuis deux ans.
> Je pars **à/pour** Luchon. J'**y** vais demain.

3 *Par/pour* et les lieux

a. Écoutez et observez.
— On part demain **pour** l'Espagne.
— Génial, et vous passez **par** où ?
— On va traverser la frontière **par** les Pyrénées-Orientales.

> **LA PRÉPOSITION *pour***
> • exprime la direction ou la destination
>
> **LA PRÉPOSITION *par***
> • exprime le lieu de passage

b. Complétez les phrases avec *par* ou *pour*.
1. J'aimerais bien savoir où vous êtes passés.
2. Pour leur anniversaire de mariage, leurs enfants leur ont offert deux billets ….. Lisbonne.
3. ….. aller de Paris à Nice, il faut passer ….. Lyon.

4 Récapitulatif

Complétez le texte p. 73 avec : *en, y, à, de/d, du, depuis, par, pour.*

Vous pouvez vous repérer sur la carte pour identifier les villes et itinéraires décrits.

72 /soixante-douze / UNITÉ 6

grammaire

*Un pays des Pyrénées : l'Andorre.
Vous en rentrerez enchanté
et vous y reviendrez !*

En route **pour** l'Andorre : même **en** été, il y a mille et une choses **à** **y** faire.
Du thermalisme dans la ville **d'** Escalades au shopping **à** Andorre-la-Vieille, on ne s'**y** ennuie jamais. Pratiquez-**y** aussi le ski **en** été sur les versants **de** Soldeu et **de** Pas-de-la-Case. Tous les hôtels **d'** Andorre vous accueillent tout au long **de** l'année. Et si l'envie vous en prenait, passez la frontière pour vous rendre **en** Espagne, **à** Puigcerdà, ou encore **en** France, **à** Font-Romeu.
Pour vous rendre **de** Principauté d'Andorre **par** Toulouse, passez **par** l'Ariège, **par** la voie rapide jusqu'**à** Foix.

En demandant

4. Pour demander un devis gratuit, appelez immédiatement le numéro vert de notre service clients.
5. Les nouvelles compagnies aériennes se sont adaptées. Elles ont baissé les prix.

5 Le moyen ou la manière : le gérondif
Sans + infinitif

c. Tête en l'air !
Il fallait bien s'y attendre… Aurélie s'est réveillée en retard le jour de son départ en vacances et a quitté son domicile en catastrophe. De l'aéroport, elle téléphone à Victoria pour lui demander son aide.

a. Observez.
Vous obtiendrez tous les détails de notre circuit **en consultant** notre site Internet.
En réservant au dernier moment, vous bénéficierez de tarifs plus avantageux.
Vous profiterez du soleil tout **en découvrant** de nouvelles civilisations.

LE PARTICIPE PRÉSENT
- Consulter : nous consult**ons**
  …en consult**ant**

Attention !
être : en étant
avoir : en ayant
savoir : en sachant

LE GÉRONDIF
- *en* + participe présent

EMPLOIS DU GÉRONDIF
Le gérondif sert à exprimer : — sposób
- la manière, le moyen — środa
- la cause
- la simultanéité de deux actions

Continuez le dialogue entre Aurélie et son amie, en utilisant des gérondifs et *sans* + infinitif.

Exemple :
Aurélie : Je suis sortie de chez moi, **sans couper** le gaz !
Victoria : Mais enfin Aurélie, tu sais bien qu'**en partant**, **il faut fermer** le gaz !

Utilisez les informations suivantes :
1. … d'apporter mon chapeau et mes lunettes de soleil.
2. … d'éteindre la lumière du garage.
3. … de vider le frigo.
4. … de donner à manger au poisson.
5. … de téléphoner à mes parents.
6. … de prendre ma carte bancaire.

b. Transformez les phrases suivantes en utilisant le gérondif, et dites à quel emploi il correspond.
1. Vous serez reçus par nos hôtesses dès votre arrivée. *en arrivant*
2. Pour continuer, appuyez sur la touche « Pag.+ ».
3. Je me sens beaucoup mieux quand je nage.
En nageant

Attention !
À la forme négative, on utilise *sans*+infinitif

Situations

📖 🗣 LIRE ET PARLER

SOIF DE VACANCES ?
DES VACANCES, BIEN SÛR, MAIS POUR QUOI FAIRE ?

Retraite silencieuse dans un monastère

Catherine, 35 ans, professeur

« On se retrouve tout seul face à soi-même. On peut réfléchir, penser à l'essentiel. C'est un joli cadre au grand calme, propice au recueillement. C'est un moment de ressourcement inestimable. Il y a toujours une oreille attentive pour nous écouter, ce qui permet de faire le point, de respirer. On devrait tous faire ça de temps en temps. »

Le long de la Mistassibi, au Québec

Robert, 42 ans, architecte

« Nous nous sommes d'abord initiés au canoë avant de nous lancer sur la rivière du Mistassibi, que nous avons descendue pendant six jours, cinq à six heures par jour. Nous avons bivouaqué. Nous avons même vu des traces d'ours sur la berge, mais ils ne se sont pas approchés de nous. Nous avons rencontré de nombreux oiseaux et des caribous. Le déplacement en canoë est idéal pour un contact avec la nature. »

Convoi humanitaire pour les orphelins en Roumanie

Léa, 24 ans, étudiante en pharmacie

« J'ai fait mon premier convoi humanitaire à 15 ans, avec mon lycée, en Roumanie. Nous sommes partis deux semaines en camion pour apporter des fournitures scolaires, des vêtements et de la nourriture dans un village du Nord-Ouest du pays. Nous avons aussi fait une halte dans les orphelinats. Ces missions m'ont beaucoup apporté. Elles ont changé mon rapport à l'autre et m'ont permis de voyager. »

Visite dans un village peul du Burkina-Faso

Christiane, 50 ans, expert-comptable

« Nous logions dans un campement de cases dans le village. Les villageois étaient si chaleureux qu'on en oubliait le manque de confort. J'ai pu m'initier à l'artisanat local et rencontrer des groupes de femmes avec qui nous avons beaucoup échangé. Nous sommes restées en contact et j'organise depuis l'Europe des collectes de jouets que j'envoie à Noël. »

1.
a. Donnez votre opinion sur les vacances de ces quatre personnes.
b. Décrivez les personnalités de Catherine, Léa, Robert et Christiane (caractère, goûts…).
c. Sur quels critères planifiez-vous vos vacances ?
d. Avec qui partiriez-vous en vacances et pourquoi ?

🎧 ÉCOUTER

2. Écoutez ces conversations et dites où et quand les interlocuteurs prévoient de partir en vacances, et pour quelles raisons.

N°	Qui ?	Où ?	Pourquoi ?	N°	Qui ?	Où ?	Pourquoi ?
1.				3.			
2.				4.			

ÉCRIRE

3. L'album de vacances

ÉTÉ 2005
Vacances en Europe !

4 juillet, Barcelone

10 juillet, Madrid

17 juillet, Lisbonne

23 juillet, rencontre avec Noriko, place de la Bastille

30 juillet, Rome

5 août, Berlin

Nous sommes aujourd'hui le 22 juillet. Émilie et Vincent écrivent à leurs amis pour raconter le début de leur voyage, leur journée… et ce qui les attend pour la suite !

Rédigez leur lettre en respectant l'utilisation des temps et en utilisant des connecteurs parmi les suivants :

Pour commencer
Au commencement, Au début, D'abord, Pour commencer, …

Pour continuer et lister des faits
Puis, Après, Ensuite, Alors, C'est alors que, Plus tard, Au bout de quelque temps, À ce moment-là, Très vite, En même temps, Pendant ce temps,…

Pour terminer
En conclusion, Finalement, Enfin, Pour finir, …

Pour résumer
En bref, Pour être bref, Brièvement, En résumé, Pour résumer, En quelques lignes, En quelques mots…

Documents

Vie pratique

Je pars en mission pour les vacances

Dans les années 50, les chantiers de jeunesse ont commencé à se développer pour favoriser les rencontres entre jeunes de toutes origines sociales et culturelles. Plusieurs organismes de protection du patrimoine national organisaient chaque année des stages et des encadrements sur des sites à restaurer, prêts parfois à dévoiler de nouveaux secrets. On s'installe dans un château-fort de Bourgogne du XVe siècle, on découvre et nettoie des vestiges gallo-romains en Provence ou on met à jour les dernières traces de dinosaures du Languedoc-Roussillon !…

Petit à petit, le concept s'est développé et les domaines se sont élargis : protection de l'environnement, sauvegarde du patrimoine, amélioration de l'habitat, solidarité avec les populations.

Désormais, il n'est plus rare que de nombreux jeunes et adultes choisissent de passer des vacances utiles. Fini de se prélasser des heures sur une plage, de ne s'occuper que de la qualité de son bronzage et de n'entretenir que des relations superficielles de touristes avec les habitants. Le temps libre des vacances devient partage avec les autres et aventure personnelle. Les possibilités sont très variées : on peut partir construire un puits, organiser la mise en place d'une école, planter des arbres, réparer un réseau informatique, chacun fait selon ses capacités. C'est l'occasion de mettre à profit son savoir, ses compétences professionnelles dans d'autres circonstances en découvrant une culture, un pays et en rencontrant vraiment la population autour d'un projet.

L'organisation la plus connue au niveau international est **Planète Urgence** (planete-urgence.org).

a. Dans quel domaine le concept des vacances utiles s'est-il d'abord développé ?
b. Pourquoi les gens apprécient-ils cette formule ?
c. Autour de quels domaines les missions des bénévoles vacanciers s'articulent-elles ?

L'œil du sociologue

Des vacances pas comme les autres

Les Français aiment les vacances, ils en parlent beaucoup et ils en ont beaucoup. En moyenne, cinq semaines de congés payés par an, plus les jours récupérés grâce aux 35 heures. Depuis quelque temps, on observe une nouvelle tendance, celle de passer des vacances originales : des vacances qui apportent autre chose que le repos, des vacances qui vous transportent et vous transforment. Il y a ceux qui rêvent d'aventures extrêmes, par exemple : trekker sur les plus hauts sommets, descendre le cours de grands fleuves ou traverser des déserts. Il y a ceux qui rêvent de nature, de s'immerger dans les forêts tropicales ou d'aller observer les animaux sauvages dans leur milieu naturel. Et puis, il y a ceux qui rêvent de se retrouver complètement seul à méditer sur le sens de leur existence en plein désert, sur une île ou dans un monastère, ou au contraire ceux qui partent à la rencontre d'autres peuples et cultures pour partager carrément leur vie quotidienne, dans un village d'Afrique, par exemple. Bien sûr, la majorité continuent et continueront d'aller au bord de la mer en Vendée ou sur la Côte d'Azur ou dans la maison de mamie Jacqueline, mais cette tendance des vacances « autrement » se développe de plus en plus.

a. Quel est le type de vacances appréciées dans votre culture ? (fréquence, longueur, lieux, conditions...)
b. Aimeriez-vous prévoir des vacances originales comme dans le texte ?
c. Avez-vous déjà fait un long voyage d'aventure ?

Le journal à plusieurs voix

jeannekeller@srasbourg.fraa.fr : J'ai envie de partir. Mais pas toute seule !

mailto:segolenemorvan@nice.hitmail.fr : Ne compte pas sur moi. Je me sens tellement bien là où je suis. Je n'ai aucune envie de bouger. Et d'ailleurs, pour aller où ?

vincentletellier@paris.fraa.fr : « Heureux comme Dieu en France ! » Ce sont les Allemands qui le disent.

jeannekeller@srasbourg.fraa.fr : Non mais tu te rends compte ! Quel manque d'ouverture. Il faut découvrir d'autres pays, comprendre les autres. Ça fait au moins deux ans que tu n'as pas quitté la France. Je me trompe ?

segolenemorvan@nice.hitmail.fr : Non, et alors ?

mailto:vincentletellier@paris.fraa.fr : Jeanne, moi aussi, je ferais bien un petit tour à l'étranger, au Maroc, en Italie ou en Islande, pourquoi pas ! Qu'est-ce que tu préfères ?

jeannekeller@srasbourg.fraa.fr : Je ne sais pas. Tout ce que je veux, c'est aller au bout du monde, trouver des gens différents…

vincentletellier@paris.fraa.fr : Bon, fais-moi signe quand ce sera plus précis. Pour le moment, ton projet me paraît un peu vague.

Vous rêvez de vous sentir utile et de mettre à profit votre temps de vacances. Entrez sur le forum pour raconter comment vous comptez passer vos vacances.

Le coin des livres

Le Voyage en France, Benoît Duteurtre

Sur les avenues boisées se succédaient jardins, immeubles résidentiels et villas de la Belle Époque. Pour la première fois depuis son départ, David reconnaissait le monde enchanté qu'il étudiait, à distance, depuis l'âge de quinze ans. L'autobus déboucha sur un rond-point lumineux dominant la mer qui scintillait entre les toits : Sainte-Adresse – Panorama Monet.

Il descendit sur le trottoir. En face de l'arrêt de bus, deux grilles s'ouvraient sur un parc dominé par une maison à tourelles. Admirant l'armature en fer forgé du jardin d'hiver, David songea que la demeure appartenait probablement à une comtesse dont les arrière-grands-parents avaient connu personnellement Monet. Il s'imagina prenant le thé, jouant au billard, ou poussant les jeunes filles sur une balançoire. Mais une inscription, sur la grille, précisait qu'il s'agissait de la résidence Grand Large, divisée en trente appartements standing.

Cent mètres plus loin, un escalier dévalait vers la mer. Prenant sa valise par la poignée, David descendit les marches et, soudain, un vaste paysage s'ouvrit devant lui. L'escalier débouchait sur une promenade qui longeait la plage et dominait la baie du Havre. Instantanément, l'Américain se crut transporté au pays enchanté des impressionnistes. Un peu plus bas, ricochant contre les galets, les flots se balançaient dans un bleu-vert enchanteur. De petits nuages blancs passaient dans le ciel. Au large, des bateaux se succédaient dans le chenal du port et il suffisait de remplacer les porte-conteneurs par des paquebots, les planches à voile par des barques de pêcheurs pour retrouver le paysage d'autrefois. David reconnut même, émergeant de la ville, un clocher d'église qu'on apercevait dans un autre tableau de Monet représentant des baigneurs sur la plage du Havre.

© ÉDITIONS GALLIMARD.

> **L'AUTEUR**
> Benoît Duteurtre est auteur d'une dizaine de livres, musicien, critique musical, producteur et animateur d'une émission de radio consacrée à la musique. Depuis 1989 et *L'Amoureux malgré lui*, Benoît Duteurtre est traduit dans une dizaine de langues.

> **LE LIVRE**
> Un jeune Américain, épris de culture française, part à la découverte du « pays des peintres et des poètes ». L'itinéraire de David croise celui d'un Français quadragénaire qui a longtemps rêvé d'Amérique.

Comment le texte montre-t-il que le voyage est avant tout une aventure imaginaire ?

BILAN 2

Vous connaissez...

1. Le passé composé, l'imparfait, le plus-que-parfait

Mettez le verbe au temps du passé qui convient.

a. Quand je *(rentrer)*, elle *(ranger)* sa chambre. Les vêtements *(être)* dans l'armoire et il y *(avoir)* des fleurs sur le bureau.
b. Elle *(terminer)* ses études et elle *(trouver)* du travail peu de temps après.
c. Pendant ses études, il *(habiter)* à Paris. Quand il *(obtenir)* son diplôme, il *(partir)* en Normandie.
d. Émilie *(travailler)* chez Basboul de 1998 à 2002. Avant, elle *(faire)* un stage chez Pierrette Fringues.
e. Guy Thare *(aimer)* toujours les sports extrêmes. Il *(s'acheter)* sa première moto alors qu'il *(être)* encore adolescent.

2. Sans + infinitif – Le gérondif

Dites le contraire selon le modèle.

*Exemple : Elle part sans oublier les clés. → Elle part **en oubliant** les clés.*

a. Je prends ma voiture sans emporter une carte de la région. → ....
b. Ils habitent ensemble sans être mariés. → ....
c. Nous avons fait une fête sans inviter les voisins. → ....
d. Vous prenez un billet de TGV sans réserver votre place. → ....
e. Tu prends la nationale 20 sans passer par le centre ville. → ....

3. Les adjectifs et les pronoms indéfinis

Commentez ce sondage et donnez votre opinion. Utilisez *certains, plusieurs, la plupart, quelques-uns...*

Sur 100 étudiants :

– 30 habitent chez leurs parents ;
– 20 partagent un appartement ;
– 20 louent une chambre de bonne ;
– 15 habitent à la cité U ;
– 10 habitent dans un appartement qui appartient à leurs parents ;
– 5 louent un studio ou un appartement ;
– 80 sont satisfaits de leur lieu d'hébergement.

4. Les emplois du conditionnel

Écoutez les phrases suivantes et dites à quel emploi du conditionnel elles correspondent.

	Un souhait / un désir	Une demande polie	Une proposition / une suggestion	Une information incertaine	Un conseil
a.					
b.					
c.					
d.					
e.					
f.					

5. Le discours indirect

Complétez les phrases et faites les transformations nécessaires.

a. Serge : « J'ai rencontré Clotilde à l'université. » → Serge a dit que ....
b. Milène : « Nous nous sommes connus il y a 10 ans. » → Milène a dit qu'ils ....
c. Milène : « Je le quitterai avant la fin de l'année. » → Milène m'a dit ....
d. Vincent : « Voulez-vous sortir avec moi ? » → Vincent m'a demandé ....
e. Alain : « J'ai toujours voulu vivre à la campagne » → Alain m'a assuré qu'il ....
f. Clotilde : « Je me demande si je devrais accepter ? » → Clotilde se demandait ....

6 *Par* et *pour* (lieux)

Complétez les phrases suivantes.

a. Je voudrais un aller simple … Istanbul, s'il vous plaît.
b. Vous en avez mis du temps ! … où vous êtes passés ?
c. Je ne l'ai pas vue sortir. …… où elle est passée ?
d. — La semaine prochaine, nous partons … l'Australie, …… Sidney.
— Votre vol est direct ?
— Non, l'avion passe d'abord …… Amsterdam où on fait une escale de 2 heures.

Vous savez...

1 Raconter et situer dans le temps

Racontez l'histoire d'Hugues et Amélie. Utilisez les éléments suivants.

A

B

C

D

2 Parler de vos vacances

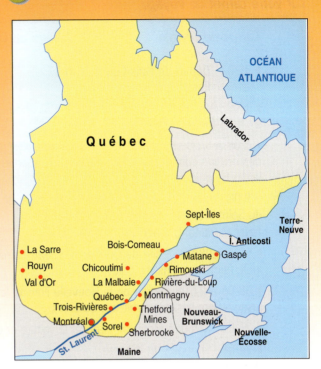

Découverte du Québec
Nous sommes aujourd'hui le 7 août 2006.
Il est 14 h 30.
Vous écrivez à des amis pour leur raconter la première étape de votre voyage. Expliquez ce que vous êtes en train de faire, et parlez de votre programme pour les jours à venir. Demandez-leur aussi de venir vous chercher à l'arrivée.

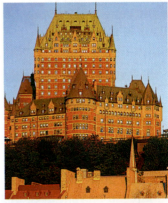

Vous avez déjà fait quelques photos…

>>>

BILAN 2

Organisé(e), vous avez tout planifié sur votre carnet de voyage.

Carnet de voyage — Voyage au Québec - Août 2006

- 31/07 : Départ de Paris-CDG à 12 h 37. Escale à Amsterdam.
- 1/08 : Atterrissage à Montréal à 23 h 55 (heure européenne), soit 17 h 55 (heure locale).
- 1/08 à 5/08 : Montréal – Visite du stade olympique, de la vieille ville, des centres commerciaux souterrains, du quartier des affaires et du jardin botanique.
- 5/08 : Louer une voiture et réserver les nuits en gîtes pour la descente du Saint-Laurent. Trajet Montréal-Québec via Trois-Rivières.
- 5/08 à 08/08 : Visite de Québec (Château Frontenac, exposition d'art inuit, farniente dans les parcs…)
- 08/08 à 22/08 : Route de la Nouvelle France, le long du Saint-Laurent, jusqu'à Sept-Îles, pour voir des baleines.
- 23/08 : Retour à Montréal. Déposer la voiture et prévoir une nuit d'hôtel.
- 24/08 : Shopping et détente.
- 25/08 : Retour à Paris.

un écureuil

un raton-laveur

3 Donner des conseils, faire des propositions et des suggestions

Un de vos amis français, nouvellement arrivé, a l'intention de s'acheter un appartement dans votre ville et vous demande des conseils. Vous le renseignez.

4 Parler des qualités et des défauts de quelqu'un

a. Écoutez cette conversation entre deux responsables du département des ressources humaines d'une entreprise suite à des entretiens pour un poste de commercial, puis remplissez le tableau suivant avec des adjectifs qui les caractérisent. 🎧

Candidat (e)	Qualités ☺	Défauts ☹
Franck		
Lucie		
Nathalie		
Lydia		

b. Quel candidat choisiriez-vous ? Pourquoi ?

5 Émettre des hypothèses

Que feriez-vous si vous aviez les objets suivants ?

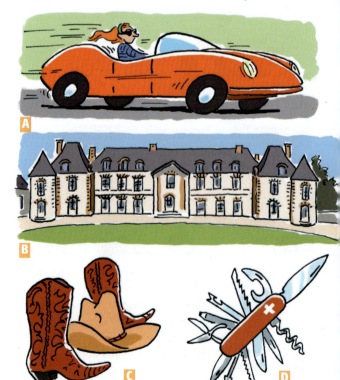

DELF A2 · CECR

A Compréhension de l'oral

Seul ou accompagné ?
Écoutez une première fois les enregistrements et indiquez, pour chacune des personnes, si elle vit seule ou accompagnée. Après une deuxième écoute, précisez si la personne est contente de sa situation.
(Justifiez en citant des mots, expressions ou phrases des enregistrements)

	La personne vit seule	accompagnée	Satisfaite de la situation	Insatisfaite	Justification(s) des réponses
a.					
b.					
c.					
d.					
e.					

B Compréhension des écrits

Agence Joli Cœur. Jouez les marieurs !
Lisez ces présentations puis formez les 6 couples et justifiez vos choix en citant des phrases ou expressions extraites des textes.

Eux

▶ **Laurent Houtan**
37 ans, berger
Aussi étrange que cela paraisse, j'ai longtemps travaillé dans une banque avant de devenir berger. J'en ai eu assez de la ville, de tout ce bruit, toute cette pollution, et j'ai décidé de me mettre au vert. Cette vie paisible, je rêve de la partager avec une femme naturelle, aimant les choses simples dans un cadre romantique.

▶ **Louis Phyne**
27 ans, musicien
Ras le bol des solos et bien trop timide pour des trios, je cherche à former le plus tendre des duos. Ouvert à toute proposition dans ce sens…

▶ **Marcelo Tarri**
33 ans, plongeur
Oui, plongeur… et plutôt deux fois qu'une ! En effet, toute la semaine je travaille à la plonge au Restaurant « Les Deux Cuisses » de Franceville et, dès que je peux, je m'évade le week-end et chaque période de vacances pour pratiquer mon sport préféré : la plongée sous-marine. Alors, si les branchies vous poussent en lisant cette annonce, n'hésitez pas ! Je suis votre homme ! Forza Italia !

▶ **Vladimir Abel**
32 ans, agriculteur
… et gastronome ! Je suis ce qu'on appelle une « fine gueule ». Mon rêve ? Vendre la ferme et faire le tour des mers en bateau avec toi pour découvrir toutes les saveurs du monde…
Tu me passes le sel ?

▶ **Barnabé Khane**
36 ans, mécanicien
… et pianiste à mes heures, car je ne pourrais pas vivre sans la musique. Je joue dans un groupe depuis 5 ans et nous faisons même quelques concerts. Je t'inscris à mon fan club ?

▶ **Pedro Madaire**
34 ans, vétérinaire
Je me confesse : aquariophile. J'adore les poissons et je ne cesse de monter des aquariums, d'eau douce et d'eau salée. Mes vacances idéales ? Sur une île entourée d'eaux cristallines où profiter du plus bel aquarium naturel que la terre nous ait donné… et finir nos soirées par un délicieux repas de fruits de mer devant un coucher de soleil. On part quand tous les deux ?

DELF A2 · CECR

Elles

▸ **Marjorie Zotto**
28 ans, chef cuisinière

Je cuisine depuis que je suis petite. Je suis vraiment chanceuse de pouvoir vivre de ma passion. D'origine italienne, j'aime toutes les saveurs du sud. Mes autres passions ? Les bateaux et la plongée. Et mon homme, j'aimerais bien qu'il soit du Sud aussi !

▸ **Roselyne Édith**
32 ans, choriste…

Mon rêve ? Chanter en solo sur un disque. Mais, rassurez-vous, je suis pas du tout du style de la Star Ac'. Dans mes rêves, je chante des chansons romantiques, avec de beaux textes et des mélodies très pures. Démodée, moi ?

▸ **Laura Nimaux**
33 ans, vétérinaire

Depuis toute petite je rêve de vivre à la campagne. Je me souviens que je ne manquais jamais un épisode de la série *La Petite Maison dans la prairie* quand j'étais petite. Quand j'ai choisi mon métier, je pense que j'ai avant tout cherché à me rapprocher de la nature, même si je travaille dans une clinique vétérinaire à Paris. Qui sait, peut-être que mon Prince Charmant m'emmènera vivre au grand air… Mais attention, je tiens quand même à un minimum de confort pour vivre… Je ne m'appelle pas Laura Ingalls.

▸ **Hilary Caux**
37 ans, Biologiste

Après de nombreuses missions avec Greenpeace, je travaille depuis 6 mois au grand aquarium de Franceville. Je ne connais pas encore grand monde et je commence à être fatiguée des soirées télé en solitaire… ce serait tellement plus beau de les passer avec toi au coin du feu.

▸ **DJ Monique**
35 ans, chanteuse de rap

J'fais du rap romantique. Tu m'crois pas ? J'te le prouve quand tu veux. J'espère que t'as le rythme dans la peau, toi !

▸ **Nathalie Mande**
30 ans, poissonnière

J'ai grandi en Corse jusqu'à l'âge de 13 ans et depuis, je rêve de retourner m'y installer. Pour me consoler, j'y vais dès que je peux. Je ne saurais pas vivre sans la mer. J'adore pêcher. Déjà toute petite, je nageais la tête sous l'eau avec mon tuba et mes palmes, à l'affût d'un crabe ou d'un petit poisson à ramener à ma mère pour le dîner. Maman n'est plus là mais j'ai appris toutes ses recettes corses et je suis prête à te les cuisiner pour un petit dîner aux chandelles en amoureux. (Carnivores s'abstenir).

C Production écrite

1. Vous venez de recevoir ce faire-part de mariage. Écrivez à votre amie Ségolène pour accepter son invitation. Profitez-en pour essayer de savoir si les futurs époux ont déposé une liste de mariage.

2. « Belle marquise, vos beaux yeux me font mourir d'amour ». Sortez votre côté romantique et écrivez votre plus belle déclaration d'amour anonyme.

> *Ségolène et Louis*
> sont heureux de vous annoncer leur mariage et vous prient d'assister à la bénédiction qui aura lieu **samedi 17 avril 2006 à 16 heures** en l'église Sainte Marie-Jeanne 3, place de la Jamaïque à Villeneuve-de-Franceville

D Production orale

1. Entretien. Racontez votre plus belle rencontre amoureuse.

2. Exposé. En vous appuyant sur des exemples vécus, expliquez en quoi la cohabitation homme-femme est plus difficile qu'entre personnes du même sexe.

3. Exercice en interaction. Jouez la scène (l'examinateur joue le rôle de l'autre moitié du couple) : votre nouveau travail a considérablement réduit votre temps libre, et vous ne pouvez plus assumer seul(e) l'ensemble des tâches ménagères. Dressez-en la liste avec votre « moitié », puis négociez le partage des obligations en fonction du temps à y consacrer et des aptitudes de chacun.

LE CONSOMMATEUR

Négocier • *unité 7*

Savoir
- Parler d'argent
- Se renseigner sur le prix et payer
- Marchander
- Négocier

Connaître
- Les doubles pronoms
- Les pronoms réfléchis
- Les verbes à constructions multiples

Choisir • *unité 8*

Savoir
- Exprimer des sentiments
- S'indigner
- Exprimer la désapprobation
- Parler d'un produit

Connaître
- Le présent du subjonctif (suite)
- La mise en relief
- La nominalisation

Proximité • *unité 9*

Savoir
- Exprimer un regret
- Protester

Connaître
- Les pronoms (récapitulatif)
- La formation des adverbes
- Les pronoms possessifs

UNITÉ 7 Négocier

oral

Une bonne affaire

Chez un brocanteur
JÉRÔME : Bonjour monsieur. Votre chaise, vous me la faites à combien ?
LE BROCANTEUR : Elle est à 55 euros.
JÉRÔME : Mais elle est abîmée. Faites-moi un prix !
LE BROCANTEUR : Bon, 50 euros.
JÉRÔME : Je la prends.

À la maison
MARIE : Une bonne affaire ? Tu parles ! Il lui manque un pied, à ta chaise.
JÉRÔME : Justement. Je me demandais si tu ne pouvais pas me la réparer.
MARIE : Écoute, je sais bricoler, mais je ne suis pas menuisier ! Fais-le toi-même !
JÉRÔME : Je sais qu'il y a un menuisier pas loin. Je vais la lui porter et lui demander de me le faire.
MARIE : Tu ne sais pas s'il sera disponible.

Chez le menuisier
JÉRÔME : Bonjour, monsieur Dubois, vous pourriez me rendre un petit service ?
LE MENUISIER : Volontiers, si je peux vous le rendre.
JÉRÔME : Vous pourriez remettre un pied à cette chaise ?
LE MENUISIER : Dites donc, elle est bien abîmée !
JÉRÔME : J'ai oublié de demander au brocanteur de quel bois il s'agissait. Je crois que c'est du chêne.
LE MENUISIER : Justement, il faut que je trouve le même bois.
JÉRÔME : Et… il faut compter combien ?
LE MENUISIER : Environ 75 euros pour la main-d'œuvre et pour le bois, 20 euros.
JÉRÔME : Ça fait cher !
LE MENUISIER : Sinon, vous n'avez qu'à la réparer vous-même si vous vous en sentez capable.
JÉRÔME : Impossible. Pour ce qui est du bricolage, je ne sais rien faire par moi-même.

À la maison
MARIE : 50 euros la chaise, plus 95 euros pour les réparations. Ça fait 145 euros. Tu n'aurais pas pu la réparer toi-même ?
JÉRÔME : Et alors ?
MARIE : Je te signale qu'il y a presque les mêmes chez Mobiexpo pour 60 euros !
JÉRÔME : Oui, mais de toute façon, il faut les monter soi-même !

> **Les doubles pronoms :**
Volontiers, si je peux **vous le** rendre.

> **Les pronoms réfléchis :**
Fais-le **toi-même** !

> **Les verbes à construction multiple :**
Je sais bricoler.
Je sais qu'il y a un menuisier pas loin.
Tu ne **sais** pas **s'**il sera disponible.

Les bons plans

Pour vous habiller : les dégriffés

Sachez qu'il existe dans toutes les villes des magasins de dégriffés. Vous y trouverez des modèles de l'année précédente, mais attention, les couturiers ont parfois des goûts extravagants.

Demandez-vous toujours où et quand vous pourrez porter le modèle que vous achetez ! Et puis, attention, les retouches coûtent cher ; mieux vaut les faire soi-même !

Pour vous meubler : les dépôts-ventes

On peut bien sûr acheter chez Comptoir-Plus tous les meubles de bar. Mais vous serez sûrs d'avoir un appartement original si vous vous meublez plutôt « de bric et de broc ». Et si vous avez peur de les transporter vous-même, vous avez sûrement des copains sur qui compter.

Demandez-leur un petit coup de main !

Pour sortir

Pas besoin d'un gros salaire pour aller au cinéma, à un concert ou au théâtre. Les kiosques Paris-jeunes offrent chaque jour 300 places de théâtre à prix réduit.

Pour les lève-tôt, n'oubliez pas que la première séance de cinéma de la matinée ne coûte que 5 euros.

activités

1. Relevez les doubles pronoms.
2. Relevez les pronoms réfléchis.
3. Quels « bons plans » connaissez-vous pour acheter moins cher ?

OUTILS vocabulaire

1 L'argent

a. Associez chaque expression à la bonne définition.

a. rendre la monnaie
b. un code de carte bancaire.
c. retirer de l'argent
d. un distributeur automatique de billets
e. une banque

1. une entreprise où l'on peut déposer de l'argent
2. une machine qui donne de l'argent liquide
3. plusieurs chiffres nécessaires pour utiliser sa carte bancaire
4. rendre de l'argent parce qu'on a donné plus que le prix demandé
5. sortir de l'argent au distributeur ou au guichet de la banque

b. Vrai ou faux ?   V   F

a. Il y a des billets de 50 centimes.   ❏ ❏
b. Il y a des billets de 500 euros.   ❏ ❏
c. Il y a des pièces de 10 euros.   ❏ ❏
d. On est riche quand on n'a pas d'argent.   ❏ ❏
e. Pour utiliser une carte bancaire, il faut connaître le code.   ❏ ❏
f. Dans un porte-monnaie, on met des pièces et des billets.   ❏ ❏
g. Pour avoir une carte bancaire, il faut avoir un compte à la banque.   ❏ ❏

c. Associez pour faire une phrase.

a. Avec ma carte bancaire je peux → 1. dans un bureau de change.
b. Je change de l'argent → 2. chaque mois, je mets 15 € sur mon compte bancaire.
c. Je retire de l'argent → 3. je n'ai plus d'argent.
d. J'économise → 4. au guichet à la banque ou au distributeur.
e. Je suis pauvre → 5. retirer de l'argent.

d. Écoutez ce spot publicitaire sur un produit financier et cochez la bonne réponse.

1. L'économie américaine
croît ↗ ❏
baisse ↘ ❏
stagne → ❏

2. Dans la zone euro, l'inflation
croît ❏
baisse ❏
stagne ❏

3. Les liquidités, c'est
des placements bancaires ❏
un chèque ❏
l'argent disponible ❏

2 L'artisanat

Qu'est-ce qu'il fait ?

a. Répondez à la question.

un charpentier – un vitrier – un souffleur de verre – un menuisier – un maroquinier – un ébéniste – un forgeron – un cordonnier

vocabulaire

b. Associez chaque profession de l'exercice a. à un matériau.
1. le bois   **2.** le cuir   **3.** le verre   **4.** le métal (acier, aluminium, argent, etc.)

3 Le bricolage

a. Complétez cette publicité en écrivant le nom de chaque outil et son descriptif.

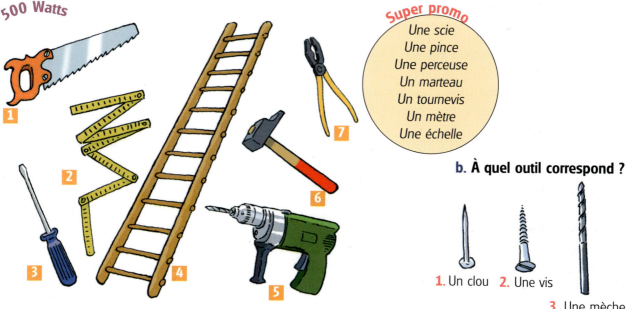

Super promo
Une scie
Une pince
Une perceuse
Un marteau
Un tournevis
Un mètre
Une échelle

b. À quel outil correspond ?
1. Un clou   **2.** Une vis   **3.** Une mèche

phonétique

Le son /R/

LE /R/ FRANÇAIS :
• n'est pas guttural, il se réalise dans la partie supérieure de la bouche, au niveau de l'uvule ou du palais mou mais pas avec la gorge. Il faut donc le penser haut, très haut.

1 Entraînez-vous

a. Écoutez la chanson et chantez-la !
b. Écoutez et répétez.
c. Opposition passé simple /R/ – futur /R :/

Attention !
Pour les verbes du premier groupe en -rer, le « e » caduc tombe à l'oral. Il faut donc prononcer /R :/ pour les distinguer de leur forme au passé simple.
il prépara, il picora, il empira /R/
→ il préparera, il picorera, il empirera /R :/

Écoutez. Transformez les verbes au passé simple que vous entendez en verbes au futur.

2 À vous de jouer !

a. Entraînez-vous à lire ce texte.
LA MARQUISE : La ruelle près de mon lit a une fenêtre sur la rue, par laquelle un jour je vis, horreur ! mon carrosse renversé, les quatre roues en l'air, au beau milieu de la chaussée. Mon carrosse sur ses roues, à l'endroit fut rétabli. Le lendemain, par la fenêtre de la ruelle près de mon lit, je vis horreur ! dans la rue, les roues en l'air de mon carrosse renversé au beau milieu de la chaussée. Mon carrosse, sur ses roues, à l'endroit fut rétabli…

Eugène Ionesco, « Le Grand Siècle ou les grands airs »
in *Exercices de conversation et de diction françaises
pour étudiants américains*, Théâtre V, © Éditions Gallimard.

Attention !
carrosse, horreur prennent deux « r » comme arriver, arrêter, arrimer, etc. mais se prononcent /R/.

OUTILS grammaire

1. Les doubles pronoms

a. Écoutez et observez.

— La chaise, est-ce que tu pourrais **me la** réparer ?
— Il serait préférable que le menuisier **te le** fasse.
— Tu **le lui** as demandé ?
— Oui, je **lui en** ai déjà parlé.

L'ordre des pronoms personnels

Sujets	Réflexifs	CO directs	CO indirects		
0	1	2	3	4	5
je	me / m'				
tu	te / t'				
il /elle /on	se / s'	le*/ la / l'	lui / leur	y	en
nous	nous				
vous	vous				
ils /elles	se	les	leur		

* **Le** peut remplacer une phrase ou un infinitif.

OBSERVEZ LES COMBINAISONS POSSIBLES :
- 0 – 1 – 2   Il **me la** répare.
- 0 – 2 – 3   Elle **le lui** fait.
- 0 – 1 – 5   Il **lui en** donne.
- 0 – 3 – 5   Il **lui en** a parlé.
- 0 – 4 – 5   Il n'**y en** a plus.

Attention ! Les combinaisons 0 - 1 - 3 et 0 - 3 - 4 sont impossibles.

b. Mettez les mots en ordre pour faire une phrase.

1. lui / Jérôme / a / acheté / en
2. y / attend / t' / elle / Oui
3. a / leur / offertes / il / Oui /les
4. me / donnez / la / vous
5. disons / lui / le / nous
6. y / rangent / l' / ils

c. Répondez affirmativement aux questions. Utilisez les pronoms et accordez les participes passés si nécessaire.

1. Est-ce que tu as mis tes bagages dans le coffre ?
2. Tu t'es occupé des billets d'avion ?
3. Monsieur et madame Letellier nous ont donné leur adresse ?
4. Vous avez laissé les clés de la voiture à Marie ?
5. Tu veux bien laisser ta place à ce monsieur qui est debout ?
6. As-tu rangé tes vêtements dans l'armoire ?

d. Imaginez la question.

1. — Oui, elle me l'a dit.
2. — Oui, nous lui en avons parlé.
3. — Oui, je lui en ai offert la semaine dernière.
4. — Oui, je m'en suis acheté une nouvelle.
5. — Oui, ils se les sont échangés.
6. — Oui, il la lui a déjà montrée.

e. Écoutez deux fois ces questions et répondez en utilisant les pronoms.

1. .... 2. ....
3. .... 4. ....
5. ....

f. Attention ! L'ordre change à l'impératif.

– Répare-**la-moi** !
– Parle-**m'en** !
– Apporte-**la-lui**.

L'ordre des pronoms personnels à l'impératif

Verbe à l'impératif		-moi	-m'en
	-le	-lui	-lui-en
	-la	-nous	-nous-en
	-les	-leur	-leur-en

g. Mettez ces phrases à l'impératif.

1. Vous en mangez.
2. Tu me les apportes.
3. Tu ne les leur donnes pas.
4. Nous les lui offrons.
5. Vous y allez.
6. Tu m'en rapportes.

h. Transformez ces phrases en mettant le verbe à l'impératif et en utilisant deux pronoms compléments, selon l'exemple :

Tu offriras des fleurs à ta sœur.
→ ***Offre-les-lui !***

1. Vous nous passerez les serviettes.
2. Tu me chanteras cette chanson.
3. Nous vous apporterons des fruits.
4. Vous lui rendrez la monnaie.
5. Tu changeras de l'argent pour tes amis.
6. Vous nous donnerez de vos nouvelles.

Remarque
Le futur simple peut avoir la valeur de l'impératif. On l'utilise pour donner un ordre ou une consigne.

grammaire

2. Les pronoms réfléchis

a. Observez.

Les retouches coûtent cher ; mieux vaut les faire **soi-même** !

> **FORMATION**
> - Pronom tonique + - + *même*

b. Complétez le tableau.

Pronom tonique	Pronom sujet	Verbe	Pronom réfléchi
1. Moi	je	cuisine	moi-même
2. Toi			
3.	il		lui-même
4.	elle		
5.	on		soi-même
6. Nous			
7. Vous			
8. Eux			
9. Elles	elles	cuisinent	

3. Les verbes à constructions multiples

a. Observez.

1. Je sais bricoler.
Je ne **sais** rien faire par moi-même.
Sachez qu'il existe dans toutes les villes des magasins de dégriffés.
Tu ne **sais** pas s'il sera disponible.

> **CONSTRUCTIONS**
> *Savoir que* + indicatif
> *Savoir* + infinitif
> Je ne sais pas si…
> Est-ce que tu sais si… ?

2. Je vais la lui porter et lui demander de me le faire.
J'ai demandé au menuisier de réparer la chaise.
Je me demandais si tu ne pouvais pas me la réparer.

> **CONSTRUCTIONS**
> *Demander à (quelqu'un) de* + infinitif
> *Demander si…*

3. J'ai oublié de demander au brocanteur de quel bois il s'agissait.
N'oubliez pas que la première séance de cinéma de la matinée ne coûte que 5 euros.

> **CONSTRUCTIONS**
> *Oublier de* + infinitif
> *Oublier que* + indicatif

b. Complétez les phrases.
Attention à la concordance des temps.

1. Il a vu chez un brocanteur un vase qui lui plaisait et il m'a demandé de ……
2. Il est parti chez le brocanteur place Saint-Michel et je sais que ……
3. J'ai demandé à …… de …… chez le brocanteur.
4. Ce matin, il est parti tôt pour acheter une chaise chez le brocanteur. Il a oublié de …… et il a oublié que ……
5. Il est parti sans prendre les clés, je me demande si ……

c. Faites une phrase avec :

1. demander à / de / que / si.
2. dire à / de / que
3. savoir que / si
4. oublier de/ que

89 /quatre-vingt-neuf / UNITÉ 7 / Négocier

Situations

 LIRE

1. Savez-vous marchander ? Lisez le texte, puis répondez aux questions :

MARCHANDER

Pour certains, c'est un loisir et une passion, pour d'autres, c'est plus difficile. Mais de toute façon, on est obligé d'en passer par là en Tunisie, c'est ce qui fait le principal attrait des souks. Vous verrez la mine réjouie que vous aurez quand vous aurez fait baisser le prix d'un souvenir de 40 dinars à 5 dinars (oui, c'est possible !). La plupart d'entre vous n'ont jamais essayé (vous vous voyez marchander en Europe ou au Canada ?!) Alors voici, pour ne pas se faire « arnaquer », les prix réels de certains souvenirs :

Darbouka :
petite *2 dinars*
moyenne *5 dinars*
grande *10 dinars et plus*

Pouf :
petit *25 dinars*
moyen *3 dinars*
grand *40 dinars et plus*

Plat en céramique :
moyen *15 dinars*
grand *20 dinars et plus*

Objet en bois d'olivier :
cela dépend de la taille, de *6 dinars à plus*

Plus généralement
essayez d'atteindre la barre des *10 dinars* pour les petits objets.

Mais comme les prix réels ne suffisent peut-être pas, voici mes trucs pour marchander :

▶ Bien entendu, les vendeurs détectent les têtes de touristes (si, si) et vous invitent à visiter leur boutique. Suivez-les. Faites mine de vous intéresser à un objet, tout en ayant la tête de quelqu'un qui trouve l'objet trop cher (je suis sûr que vous en êtes capable !). Demandez au vendeur le prix qu'il peut vous faire. Si l'objet est trop cher, proposez-lui un prix assez bas (en bluffant) ou qui vous semble juste. S'il ne descend pas, commencez à rebrousser chemin en quittant la boutique et là… Miracle ! le prix va commencer à baisser à une vitesse folle (normalement), c'est là tout l'art ! Sinon, faites un tour dans le souk pour connaître le prix que vous font les autres vendeurs. Revenez devant la boutique, et comme les propriétaires sont souvent dehors, ils vont vous reproposer un autre prix beaucoup plus attractif !

▶ L'autre moyen s'adresse plutôt à des jeunes. Après que le vendeur a proposé un prix, dites-lui que vous n'avez que X dinars. Bien entendu, il refusera ; mais quittez la boutique, il va peut-être faire baisser le prix énormément.

J'espère que ces conseils vous aideront dans votre odyssée à travers les souks, endroit merveilleux où la loi pour le vendeur est de vous arnaquer (« L'homme est fait pour être roulé », *Sinouhé l'Égyptien*) et, pour vous, de tirer profit de vos atouts.

D'après www.itunisie.com. Droits réservés

a. Comment comprenez-vous les termes suivants dans le texte ?
1. Souk :
2. Arnaquer :
3. Rouler :
4. Atouts :

b. Avez-vous déjà visité un souk ?

c. Pensez-vous réellement qu'il est possible de diviser un prix par quatre ?

d. Que pensez-vous des conseils donnés dans le texte pour ne pas se faire arnaquer ?

e. Comment expliquer cette culture du marchandage dans des pays comme la Tunisie ?

f. En quoi pourrait-on comparer un achat fait au souk à une vente aux enchères ?

 PARLER

2. C'est le souk, ici !
Par groupes de deux, distribuez-vous ces objets puis pratiquez tour à tour les rôles de vendeur et d'acheteur dans l'art du marchandage.

Applique Diwan

6 verres à thé

Théière en cuivre

Lampes cônes

Pipe à eau

Tam-tam

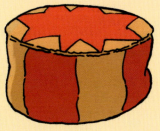
Pouf

Tapis en soie

Djellaba

📖 ✏️ LIRE et ÉCRIRE

Les moyens de paiement (Rappel et suite).
Vous payez comment ?
Plusieurs options sont proposées pour payer ses achats, quel qu'en soit le montant.

Le paiement comptant

▶ Les espèces *(cash)*
L'euro est la monnaie commune européenne. Il a remplacé le franc au 1er janvier 2002, sur la base de conversion de : **1 € = 6,56 FF**

▶ La carte bleue *(carte bancaire)*

▶ Le chèque
Les Français restent très attachés au chèque qu'ils utilisent pour tout type d'achats.

3. Remplissez un chèque pour un montant de 287,85 € ?
Payez contre ce chèque : ......
Fait à : ......   le : ......

🎧 ÉCOUTER

4. Que négocient-ils ?
Écoutez les conversations et attribuez l'objet négocié ainsi que les conditions de vente. 🎧

✏️ ÉCRIRE

5. Échange de bons plans.
Écrivez à un ami étranger qui doit vous rendre visite pour lui indiquer les bonnes adresses de l'endroit où vous habitez.

N°	Objet	Conditions
1.		
2.		
3.		

Documents

Vie pratique

Les consommateurs acteurs

Deux organismes particulièrement actifs encadrent les consommateurs : l'Institut national de la consommation, l'INC et L'Union fédérale des consommateurs UFC-Que choisir. Ces deux institutions représentent un contre-pouvoir important[1].

L'INC est au service des associations de consommateurs, il leur apporte un soutien technique. Il réalise des études juridiques et économiques, accompagne ces organisations dans leurs fonctions de représentation et de défense des consommateurs, leur donne accès à son fonds documentaire et organise à leur demande des sessions de formation. La présence des consommateurs dans les réunions de l'Organisation mondiale du commerce (OMC) prouve la reconnaissance du rôle économique de ces derniers.

L'UFC-Que Choisir, créée en 1951, est un mouvement associatif puissant et indépendant regroupant plus de 105 000 adhérents et assurant 300 points d'accueil. Les responsables de l'UFC sont des bénévoles assistés d'une équipe de salariés : ingénieurs, juristes, journalistes… Elle est totalement indépendante des fabricants, des commerçants, des activités de services, des syndicats, des groupes de presse ou financiers, des partis politiques, du gouvernement et, plus généralement, de tout intérêt ou groupement autre que ceux des consommateurs. Elle agit avec eux sur tous les domaines : production, distribution, services publics ou privés, marchands ou non marchands, environnement, santé, etc. La diffusion des informations, enquêtes, études, passe par des revues (mensuel et hors série). Elle privilégie souvent la prévention, parfois, en essayant d'influer sur la législation, mais représente aussi en justice les intérêts des consommateurs.

---

1. Pour plus d'informations, voir les sites www.conso.net et www.quechoisir.org.

Vrai ou Faux ?

	V	F
a. Les deux organismes sont des associations.	☐	☐
b. Leur but est d'influencer les consommateurs afin qu'ils consomment plus.	☐	☐
c. Leur but est d'informer, de former, de dénoncer et de défendre les consommateurs.	☐	☐
d. L'UFC est une association peu représentative et sans grand pouvoir.	☐	☐
e. L'indépendance totale de l'UFC est la garantie de son efficacité et de sa liberté d'action.	☐	☐

La panoplie de l'ado branché :
- *Baskets :* Nike, Puma, Adidas, Converse
- *Casquettes :* Nike, Lacoste, Von Dutch
- *Sacs à dos :* Eastpark
- *Chemises :* Ralph Lauren, Zara (filles), Eden Park, Lacoste, Quiksilver
- *Pulls :* Gap, Lulu Castagnette, Ralph Lauren
- *Pantalons :* Diesel, Cimarron, Levis, Gap.

L'œil du sociologue

Dis-moi chez qui tu t'habilles

Les adolescents raffolent des vêtements de marques quel que soit leur milieu social. Ce phénomène, coûteux pour les parents, ravit les professionnels qui rivalisent de techniques marketing pour séduire les ados. Vrai besoin d'intégration pour une majorité d'entre eux, les jeunes ont du mal à résister à cette dictature de l'apparence. Du coup, la moitié des parents verraient plutôt d'un bon œil le retour de l'uniforme à l'école.

Le look des ados ne doit rien au hasard, il est même codifié, et gare à ceux qui ne sont pas dans le coup, menacés d'être rejetés par leurs condisciples.

La basket de marque est le premier signe de reconnaissance. C'est en tout cas l'avis de 96% des garçons et 76% des filles. Nike est la marque préférée pour les chaussures derrière une dizaine d'autres griffes. Pourtant, seuls 11% disent choisir leur vêtement pour son logo, alors que les autres parlent d'abord de style, de coupe et de couleur.

Selon les adultes, les ados sont 99% à avouer porter des marques la plupart du temps (38%) ou de temps en temps (55%). Et ceux qui admettent porter des marques, jurent à 55% que c'est parce que ces vêtements sont « beaux », contre 8% qui reconnaissent qu'il s'agit d'être bien accepté.

Dès l'entrée au collège les ados deviennent de plus en plus accros aux marques : 59% des parents de sixièmes estiment que leurs enfants sont touchés par ce phénomène.

D'après une enquête réalisée auprès de 539 collégiens et 472 parents au cours de l'année scolaire 2003-2004 pour France Télévisions Interactive (Droits réservés)

Les collégiens et lycéens de votre pays sont-ils aussi passionnés par les marques de leurs vêtements ?
Que pensez-vous de cette dépendance ? Y êtes-vous sensible ou l'avez-vous été ?

Le journal à plusieurs voix

emilieletellier@franceville.hitmail.fr : J'ai trouvé une adresse super pour acheter des fringues ! Un vrai bric-à-brac. J'ai déniché deux chemises pour 5 euros. Si tu veux, je propose de t'y emmener.

valentinefoucault@caen.wanadu.fr : D'accord. Il y a un Superprix qui vient d'ouvrir à côté de chez moi. Vous verrez les prix : la plaquette de beurre à 1 euro ; les six yaourts à 1 euro 50…

jeannekeller@srasbourg.fraa.fr : Tu as bien vérifié que la date de péremption n'était pas dépassée ? On ne sait jamais. Et puis, moi je me méfie de la nourriture à prix réduit, ce n'est jamais très bon…

segolenemorvan@nice.hitmail.fr : Je vois que vous avez tous des préoccupations très élevées ! Consommer, consommer, il n'y a pas que cela dans la vie… Tenez, un bon livre au coin du feu, il n'y a rien de mieux.

valentinefoucault@caen.wanadu.fr : C'est facile à dire quand on a déjà la maison avec la cheminée, et une bibliothèque pleine de livres.

Entrez sur le forum, pour donner vos « bons plans » (des bonnes adresses où ce n'est pas cher).

Le coin des livres

Le Périple de Baldassare, Amin Maalouf

Je croyais que le chevalier me suivrait, mais lorsque je me retournai, il se tenait toujours à la même place. Dans ses mains *Le Centième Nom*.
   Il était blême, et je le devins tout autant.
« — Depuis quand l'avez-vous ?
— Depuis hier.
— Ne m'aviez-vous pas dit un jour qu'à votre avis, ce livre n'existait pas.
— Je l'ai toujours pensé. Mais j'ai dû vous prévenir aussi que des faux circulaient de temps à autre.
— Celui-ci serait-il l'un de ces faux ?
— Sans doute, mais je n'ai pas encore eu le loisir de m'en assurer.
— À quel prix le proposez-vous ? »
Je faillis répondre : « Il n'est pas à vendre ! », mais je me ravisai. Jamais il ne faut dire cela à un personnage de haut rang. Parce qu'il vous rétorque aussitôt : « Si c'est ainsi, je vais vous l'emprunter. » Et alors, pour ne pas le froisser, vous devez faire confiance. Bien entendu, il y a de fortes chances que vous ne revoyiez plus jamais le livre, et le client non plus. Je l'ai abondamment appris à mes dépens.
« — En fait, balbutiai-je, ce livre appartient à un vieux fou qui vit dans le plus misérable taudis de Gibelet. Il est persuadé qu'il vaut une fortune.
— Combien ?
— Une fortune, vous dis-je. C'est un dément ! »
   À cet instant, je remarquai que mon neveu Boumeh se trouvait derrière nous, et qu'il observait la scène, muet, interloqué. Je ne l'avais pas entendu entrer. Je lui demandai de s'approcher pour que je le présente à notre éminent visiteur. J'espérais ainsi faire dévier la conversation pour tenter d'échapper au piège qui se refermait. Mais le chevalier se contenta d'un bref hochement de tête avant de répéter :
« Combien, ce livre, signor Baldassare ? Je vous écoute ! »
Quel chiffre allais-je lancer ? Les ouvrages les plus précieux, je les vendais six cents maidins. Quelquefois, très exceptionnellement, le prix montait jusqu'à mille, qui font autant de sols tournois…
« Il en veut quinze cents ! Je ne vais quand même pas vous vendre ce faux à un tel prix ! »
   Sans rien dire, mon visiteur délia sa bourse et me compta la somme en bonnes pièces françaises. Puis il tendit le livre à l'un de ses hommes, qui s'en alla l'enfouir au milieu des bagages.

© GRASSET, 2000.

> **L'AUTEUR**
> Amin Maalouf a été contraint de s'exiler en France en 1976, alors que son pays était ravagé par la guerre civile. Il devient rédacteur en chef de revue. C'est son roman *Léon l'Africain* (1986) qui le révèle au grand public.

> **LE LIVRE**
> 1665 : Baldassare Embriaco, fin négociant, part à la recherche d'un livre sacré. Une grande aventure l'attend entre Orient et Occident.

Comment le texte montre-t-il que la négociation est un échange stratégique et délicat ?

8 UNITÉ Choisir

oral

Bien acheter au supermarché

M. LETELLIER : Tiens, tu as changé de marque de maïs ?
MME LETELLIER : Tu ne voudrais tout de même pas qu'on se nourrisse d'OGM !
M. LETELLIER : Non, évidemment, mais enfin, toutes ces histoires, tu ne trouves pas que c'est un peu exagéré… ?
MME LETELLIER : Comment ça ! Tu trouves normal que l'on ne sache pas ce qu'on mange !?!
M. LETELLIER : Je ne dis pas cela ! Mais je ne supporte pas que tu critiques toujours tout…

MME LETELLIER : Tiens, tu as jeté la dernière crème de beauté que je t'ai achetée…
ÉMILIE : Oui, j'ai entendu dire que le laboratoire faisait des expériences sur les animaux. C'est scandaleux.
MME LETELLIER : Moi, ce que je trouve scandaleux, c'est de faire des courses pour toi. La prochaine fois, c'est toi qui iras. D'ailleurs, « on n'est jamais aussi bien servi que par soi-même ! »

Madame Letellier et Émilie au supermarché
MME LETELLIER : Vous pouvez nous garantir qu'il n'y a pas d'OGM dans ce produit ?
ÉMILIE : En tout cas, ce n'est pas indiqué sur l'étiquette…
MME LETELLIER : Et cette crème, est-ce qu'elle est expérimentée sur les animaux ?
LA VENDEUSE : Euh…
ÉMILIE : Vous trouvez scandaleux qu'on fasse des expérimentations animales, n'est-ce pas ?
LA VENDEUSE : C'est votre réaction qui est inadmissible. Ici, c'est un supermarché, pas un laboratoire !

> **Le subjonctif dans l'expression des sentiments :**
> **Tu trouves normal** que l'on ne **sache** pas ce qu'on mange !?!
> **Je ne supporte pas** que tu **critiques** toujours tout…

> **La nominalisation de la phrase :**
> **L'exploitation** des enfants.

94 /quatre-vingt-quatorze / UNITÉ 8

écrit

Consommateurs de tous les pays, unissez-vous !

@ Savez-vous toujours ce qu'il y a dans votre assiette ?
Connaissez-vous la composition des tissus que vous portez ?
Êtes-vous sûr que les jeux que vous achetez sont fabriqués dans des conditions légales ?
Et pourtant, vous trouvez tous inadmissible que des enfants soient exploités pour satisfaire les besoins des pays riches.
Vous seriez, par contre, très contents que le chocolat, le thé, le café, le riz achetés au supermarché soient utiles à des pays pauvres et permettent à des familles de sortir de la misère à l'autre bout du monde, au Nigeria, en Éthiopie ou ailleurs…
Et puis, vous avez sûrement un chat ou un chien. Vous ne supporteriez pas qu'on leur fasse du mal. Et pourtant, la crème que vous utilisez tous les jours, c'est sur des animaux qu'elle est expérimentée. Vous ne le saviez pas ? Mais vous pourriez le savoir. Il suffit de regarder l'étiquette et de vérifier s'il y a bien l'inscription « sans expérimentation animale ».
Il est bien d'avoir des principes ; ce qui ne suffit pas. C'est en étant vigilant qu'on participe à un monde plus juste et plus solidaire.
Rejoignez notre association :
Pour un commerce équitable

Dites NON à
- l'exploitation des enfants
- l'expérimentation des cosmétiques sur les animaux
- la mondialisation et la disparition des commerces de proximité
- la pollution agricole et industrielle

Dites OUI à
- la production BIO sans OGM, ni pesticides
- la consommation réfléchie
- la création d'un monde plus juste
- la suppression des expérimentations animales

Pour un monde plus juste : Rejoignez l'association
www.monde-plus-juste.com.--

activités

1. Relevez tous les verbes au subjonctif et observez ce qui précède.
2. Selon le texte, qu'est-ce que le commerce équitable ?
3. Les OGM sont-ils autorisés dans votre pays ? Qu'en pensez-vous ?

> **La mise en relief :**
> **Ce que** je trouve scandaleux, **c'est de** faire des courses pour toi.
> **C'est** votre réaction **qui** est inadmissible.
> **C'est** sur des animaux **qu'**elle est expérimentée.

OUTILS vocabulaire

1 Environnement, écologie

a. Complétez ce texte avec les expressions et mots suivants.

> biodégradables – recycler – l'effet de serre – la nature – chimiques – gaspiller

Salon La Planète bleue
Pour la première fois, cette année, nous vous invitons à mieux connaître cette précieuse ressource qu'est **l'eau**, à découvrir comment en user avec modération, ne pas la........., l'épurer, la ………… Car l'eau est – avec ………… – le grand enjeu écologique des prochaines décennies.

Quelques consignes pour protéger les nappes phréatiques
Utiliser des produits non toxiques, ……………….., n'est pas un luxe mais un choix responsable. Ne pas utiliser de produits ……………… dans son jardin est une action consciente et un respect de l'eau, de ………… et donc de soi.

b. Répondez à ce sondage. Comptabilisez les réponses des élèves de la classe. Rédigez un compte-rendu et commentez les résultats.

1. Qu'est-ce que les OGM évoquent pour vous ?
a. de la publicité pour vendre à moindre coût les produits en rayon ☐
b. une façon d'améliorer l'alimentation de demain ☐
c. un risque pour la chaîne alimentaire ☐

2. Y a t-il pour vous un risque à utiliser des pesticides dans les cultures de blé, soja, maïs ?
a. oui ☐   **b.** non ☐   **c.** ne sait pas ☐

3. Certains scientifiques affirment qu'il n'y a aucun risque de changer l'avenir de la planète avec ces plantes modifiées (blé, soja, maïs). Ils pensent même travailler pour l'avenir de la planète.
Quel résultat vous semble-t-il le plus proche de la vérité ?
a. une meilleure alimentation planétaire ☐
b. aucune modification sur l'homme ☐
c. conséquences désastreuses ☐

4. Demain, on vous annonce qu'un produit génétiquement modifié peut rendre intelligent :
a. Vous l'achetez immédiatement. ☐
b. Vous attendez de voir les effets sur les autres. ☐
c. Vous refusez ce produit. ☐

5. Lisez-vous les étiquettes des produits ?
a. toujours ☐   **b.** parfois ☐   **c.** jamais ☐

2 Composition ou ingrédients

a. L'étiquetage.

LAIT CORPOREL AUX FLEURS
Composition :
Extrait d'essence de rose, de violette 5%, huile de jojoba, huile d'amande douce, glycérine, cire d'abeille, huiles essentielles.

Sans conservateurs, sans colorants, sans parfums de synthèse.
Non testé sur les animaux

MUESLI
Ingrédients : Blé complet, 25% de fruits secs (raisins, noix, noisettes, pommes, sucre, sel, arôme de malt)

Colorants E104 – E 131
Conservateurs E 200

Vitamines PP, B6, B2, B1, fer

vocabulaire

b. Rédigez l'étiquette de ces produits.

1

2

3

3 La désapprobation

scandaleux !
incroyable !
honteux !
inadmissible !
anormal !
exaspérant !

Dites ce qui vous scandalise le plus.

phonétique

Les voyelles nasales

1 Entraînez-vous

a. Oralité /nasalité. Écoutez et répétez.
Le premier son est oral, le deuxième nasal. Contrôlez en mettant vos deux index contre les parois du nez et exagérez sur les voyelles nasales la contraction des muscles du nez.

b. Oppositions.
1. /ɛ̃/, /ã/, /õ/. Écoutez et répétez avec la gestuelle indiquée par le professeur.
2. /ɛ̃/, /œ̃/. Écoutez et répétez avec la gestuelle indiquée par le professeur.

2 À vous de jouer !

Écoutez une première fois ce poème très célèbre de Paul Verlaine. Puis écoutez-le strophe par strophe, et remplissez le tableau en fonction des sons entendus dans chaque vers. Attention : dans un vers, il peut y avoir plusieurs voyelles nasales ou aucune.

Vers Sons	1.	2.	3.	4.	5.	6.	7.	8.	9.	10.	11.	12.	13.	14.	15.	16.	17.	18.
/ɛ̃/																		
/ã/																		
/õ/																		
aucune																		

graphie

3 Réécoutez les dialogues de la page 94
a. Soulignez toutes les voyelles nasales entendues.
b. Répertoriez les différentes graphies rencontrées pour chaque son.
c. Complétez les autres graphies possibles pour chacun de ces sons en puisant dans le vocabulaire que vous connaissez.

4 Dictée
Prenez le poème de Verlaine sous la dictée.

97 /quatre-vingt-dix-sept / UNITÉ 8 / Choisir

OUTILS grammaire

1. Le subjonctif dans l'expression des sentiments

a. Observez.

1. **Vous trouvez** tous **inadmissible que** des enfants soient exploités pour satisfaire les besoins des pays riches.
2. **Tu trouves normal** de ne pas **savoir** ce que l'on mange.
3. **Vous seriez** par contre **très contents** que le chocolat, le thé, le café, le riz achetés au supermarché **soient** utiles à des pays pauvres.

LES SENTIMENTS ET LE SUBJONCTIF

Après certains verbes exprimant : un sentiment, une appréciation, un jugement, le verbe de la subordonnée se conjugue :
- à l'infinitif après *de*, quand le sujet de la principale et celui de la complétive sont les mêmes.
- au subjonctif après *que* quand les sujets sont différents.

être content de / que
être heureux de / que
avoir envie de / que
…
avoir peur de / que
ne pas supporter de / que
trouver + adjectif de / que

Attention !
- *Je trouve* + adjectif + *que* → subjonctif
- *Je trouve que* → indicatif

b. Choisissez les solutions possibles.

Attention : dans certains exemples, il y a deux possibilités, mais le sens est différent.

1. Je suis très content (d'avoir – que j'aie) mon permis de conduire pour aller travailler.
2. Nous trouvons important (de manger – que nous mangions) des légumes BIO.
3. Elle ne supporte pas (d'acheter – qu'on achète) des produits fabriqués par des enfants.
4. Vous avez envie (de découvrir – que vous découvriez) d'autres pays.
5. Ils ont peur (de ne pas obtenir – qu'il n'obtienne pas) le stage cet été.
6. Elles sont heureuses (de venir – que vous veniez) déjeuner avec nous.
7. Tu apprécies (de te reposer – qu'il se repose) pendant le mois de juillet.
8. Vous avez l'intention (de créer – que vous créiez) votre entreprise.

c. Continuez ces phrases.

1. Il est évident que ……
2. Il trouve scandaleux de ……
3. Nous avons peur de ……
4. Vous avez envie que ……
5. Tu es heureux que ……
6. Je suis content de ………
7. Ils trouvent normal que …….

d. Interviewez un élève de la classe sur la pollution, la nourriture industrielle, l'environnement…

Tu trouves (*important, indispensable, normal, scandaleux, inadmissible…*) de / que… ?

2. La mise en relief

A. ce que…, ce qui…

a. Observez.

Ce que je trouve scandaleux, **c'est de** faire les courses avec toi.

Ce qui est scandaleux, **c'est de** faire les courses avec toi.

Ce que + sujet + verbe, *c'est (de)* + infinitif
Ce qui + verbe, *c'est (de)* + infinitif

b. Mettez en relief l'élément en gras.

1. **Ils veulent** avoir du succès. →
2. **Nous aimons** aller au restaurant. →
3. Il faut toujours discuter pour obtenir quelque chose. **Ça m'exaspère !** →
4. **Elle m'énerve**, elle ne fait rien. →

B. c'est qui…, c'est que…

a. Observez.

C'est cette crème **que** j'utilise.
Ce sont des huiles essentielles **que** j'utilise.

C'est + nom (singulier) + *qui / que*
Ce sont + noms (pluriel) + *qui / que*

b. Mettez en relief l'élément en gras.

1. — Vous utilisez **cette crème**. →
2. — Il achète **ces vêtements**. →
3. — Nous connaissons bien **ce logiciel**. →
4. — **Cette place** est réservée. →

grammaire

C. c'est moi/toi… qui/que

a. Observez.
— **C'est** le boulanger du coin de la rue **qui** a fermé ?
— Oui, **c'est** lui **qui** a fermé.
— Dommage, **c'est** lui **que** je préférais dans le quartier.

> **C'est** + pronom tonique + **qui** + verbe
> **C'est** + pronom tonique + **que** + sujet + verbe
>
> C'est **moi** qui **suis**…   C'est **nous** qui **sommes**…
> C'est **toi** qui **es**…   C'est **vous** qui **êtes**…
> C'est **lui** qui **est**…   Ce sont **eux** qui **sont**…
> C'est **elle** qui **est**…   Ce sont **elles** qui **sont**…

b. Répondez à la question en utilisant c'est… qui / c'est… que et un pronom tonique.
1. — C'est vous qui êtes contre les OGM ?
2. — Qui a acheté les jeux ?
3. — C'est Émilie qui a téléphoné ?
4. — Tu as invité Vincent et Émilie ?
5. — Vous voyez souvent ce médecin ?

c. Complétez les dialogues par le pronom relatif qui convient.
1. — C'est toi … es allé faire les courses ?
   — Oui, c'est moi … tu as envoyé. Tu as oublié ?
   — Non, mais c'est toi … as encore oublié le pain.
2. — C'est eux … t'ont vendu ça ?
   — C'est tout ce … il leur restait.
3. — C'est lui … t'a raconté ça ?
   — Non, c'est elle … me l'a dit.
4. — C'est vous … nous avons aperçue au supermarché hier soir ?
   — Non, ce n'est pas moi … y suis allée, c'était ma sœur.

D. Récapitulatif
Mettez en relief l'élément en gras.
1. **Je** préfère les crêpes.
2. Je préfère **les crêpes**.
3. **Tu** as acheté un ordinateur portable.
4. Tu as acheté **un ordinateur portable**.
5. **Nous** sommes partis à Luchon pendant les vacances.
6. Nous sommes partis **à Luchon** pendant les vacances.
7. J'ai vu **Vincent** à la sortie du cinéma.
8. **Ce guichet** est ouvert.

E. La mise en relief par la nominalisation de la phrase

a. Observez.
Dîtes oui à :
– **la production** BIO
– **la consommation** réfléchie
– **la création** d'un monde plus juste
– **la suppression** des **expérimentations** animales

> production / produire
> consommation / consommer
> création / créer
> suppression / supprimer
> expérimentation / expérimenter

> **LA PHRASE NOMINALE**
> • Elle permet de mettre en valeur une action en la résumant.
> • Elle est principalement utilisée dans les titres de journaux

b. Transformez les verbes suivants.

Verbe	Substantif (nom)	Verbe	Substantif (nom)
1. changer		9. accepter	
2. connaître		10. polluer	
3. inscrire		11. exploiter	
4. utiliser		12. mondialiser	
5. inaugurer		13. permettre	
6. fabriquer		14. épurer	
7. satisfaire		15. modérer	
8. autoriser			

c. Rédigez un titre de journal à partir des informations suivantes.
1. 120 salariés ont été licenciés en Aquitaine.
2. La faune et la flore disparaissent de notre région.
3. Le pouvoir d'achat a encore diminué en 2005.
4. Les prix des carburants augmenteront l'année prochaine.
5. Un nouveau chef de gare est nommé à la gare de Franceville.
6. L'autoroute A6 est fermée pour travaux du 15 au 25 septembre.
7. Les transports collectifs seront améliorés en Île-de-France.

Situations

 LIRE

1. Lisez le texte sur le commerce équitable, puis répondez aux questions.

LE COMMERCE ÉQUITABLE

La notion de commerce équitable s'est progressivement précisée dans les pays occidentaux depuis une quarantaine d'années, au terme d'un processus qui a permis de prendre conscience du fait que les fruits de la croissance des échanges et du commerce ne sont pas nécessairement partagés de manière équitable par tous les pays ni par toutes les couches de la population.

Le mouvement du commerce équitable, lié à cette notion de solidarité Nord-Sud, est dynamique, diversifié et recouvre en général toute la filière, depuis la production jusqu'à la vente au consommateur. Il comprend, au Sud, les organisations de producteurs, et, au Nord, les organisations importatrices du commerce équitable, le plus souvent des ONG, leurs coupoles et les organisations de labellisation.

Grâce au commerce équitable, les producteurs des pays en développement vendent leurs produits à des prix plus rémunérateurs, et sont mieux placés pour trouver de nouveaux débouchés. Le commerce équitable a ainsi pour finalité de contribuer à établir des conditions propres à élever le niveau de la protection sociale et environnementale dans les pays en développement.

Le commerce équitable est particulièrement utile pour les petits producteurs, surtout dans les secteurs de l'agriculture et de l'artisanat, étant donné que ces petits producteurs des pays en développement vivent souvent dans des régions rurales mal desservies et qu'ils ne produisent pas en quantité suffisante pour exporter directement. Ils deviennent ainsi tributaires d'intermédiaires, tant pour commercialiser leurs produits que pour obtenir des crédits. Certains agriculteurs ont réduit cette dépendance en créant leurs propres coopératives de commercialisation, ce qui leur a permis de mettre en commun des ressources, des compétences techniques et les équipements, y compris, dans certains cas, des infrastructures telles que des établissements hospitaliers ou scolaires.

En matière de commerce équitable, il est également possible de prévoir le versement d'avances aux producteurs et l'établissement de relations contractuelles aux fins d'une sécurité à longue échéance. Bénéficiant ainsi de revenus plus stables, ce qui facilite la planification et l'investissement, les producteurs maîtrisent mieux les décisions relatives à la transformation et à la commercialisation.

Le commerce équitable permet également d'utiliser une partie du revenu obtenu pour fonder des groupements de producteurs ou acquérir des équipements apportant une valeur ajoutée, par exemple pour la transformation du café. Il faut souligner que les profits découlant du commerce équitable doivent servir des intérêts collectifs et non pas des intérêts particuliers.

D'après : www.commerce-equitable.be.
Droits réservés.

a. Vrai ou faux ? Justifiez vos réponses.

	V	F
1. Les produits issus du commerce équitable sont plus chers pour le consommateur.	☐	☐
2. Le commerce équitable est une initiative des pays du Sud.	☐	☐
3. Le commerce équitable gère seulement la production.	☐	☐
4. Le commerce équitable bénéficie surtout aux distributeurs.	☐	☐
5. Dans le cadre du commerce équitable, les producteurs peuvent bénéficier d'un crédit sans intérêt.	☐	☐

b. Répondez aux questions.

1. Définissez le commerce équitable.
2. Quel est son rapport avec les ONG.
3. Quels sont les principaux bénéficiaires du commerce équitable ?
4. De quelle manière les consommateurs sont-ils impliqués ?

PARLER

2. Partagez vos opinions sur le commerce équitable.

3. Observez ces quelques recommandations pour un commerce plus équitable, et suggérez-en d'autres.

> **Choisir équitable, c'est aussi s'engager !**
>
> Je suis particulier, que puis-je faire ?
> - Dans vos rayons, préférez les produits du commerce équitable.
> - Sensibilisez votre entourage : parlez des produits équitables et faites-les goûter… !
> - Faites entrer le commerce équitable sur votre lieu de travail.
> - Faites en sorte que votre ville s'engage pour le commerce équitable.

4. Commentez cette publicité de l'association Action contre la Faim.

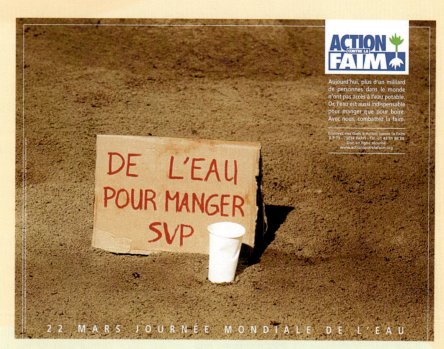

ÉCRIRE

5. Écrivez : Vous venez d'apprendre que le laboratoire qui fabrique les cosmétiques que vous utilisez expérimente ses produits sur des animaux. Envoyez une lettre de protestation.

6. Rédigez un tract avec dix points essentiels de sensibilisation des populations occidentales aux problèmes d'eau dans le monde. Vous utiliserez les formules de mise en relief.

ÉCOUTER

7. Écoutez ce micro-trottoir puis complétez le tableau.

Personne interviewée	À *qui* attribue-t-il/elle les problèmes d'eau ?	À *quoi* attribue-t-il/elle les problèmes d'eau ?	Quelles solutions propose-t-il/elle ?
1.			
2.			
3.			
4.			
5.			

Documents

Vie pratique

Boutique éthique

Les consommateurs disposent d'un véritable pouvoir. Celui de s'engager pour aider les pays pauvres, non pas en faisant des dons, mais en achetant des produits issus du commerce équitable. Le principe est simple : ils achètent des produits alimentaires et artisanaux, fabriqués à l'autre bout du monde, à des coopératives qui s'engagent en retour à ne pas exploiter paysans et producteurs locaux. Ces produits restent un peu plus chers que ceux issus du commerce traditionnel mais ils ont l'avantage d'être « moraux ». Même la grande distribution s'y est mise et propose maintenant des produits « éthiques ».

Les consommateurs ont l'embarras du choix. La marque Alter Eco est présente dans les grandes et moyennes surfaces pour vendre le riz, le café, le thé, le sucre et le chocolat de 800 000 familles de producteurs originaires de 35 pays. Le réseau « Artisans du monde », géré par des bénévoles, propose de l'artisanat du monde entier ; enfin, la marque Biocoop allie le biologique et l'éthique. D'autres initiatives sont présentées, entre autres, sur le site www.commerceequitable.org.

1. Vrai ou Faux ?   V F
a. La base du commerce éthique s'appuie sur la volonté d'engagement des consommateurs. ☐ ☐
b. Les produis éthiques ne sont distribués que dans des boutiques spécialisées. ☐ ☐
c. Le commerce éthique permet aux consommateurs d'acheter en ayant bonne conscience. ☐ ☐
d. Les marques éthiques distribuent toutes nourritures et tout artisanat. ☐ ☐
e. Les marques éthiques doivent pouvoir informer les clients sur les origines et le parcours des produits. ☐ ☐

2. Savez-vous de quel texte est tiré cette citation ?
« Quiconque travaille a droit à une rémunération équitable lui assurant ainsi qu'à sa famille une existence conforme à la dignité humaine. »

L'œil du sociologue

La « malbouffe »

Cette expression que tous les Français connaissent désormais pourrait être traduite par « mauvaise nourriture ». C'est José Bové, président de la Confédération paysanne[1], qui l'a rendue célèbre. Elle est devenue une sorte de slogan pour un combat de société : celui de mieux manger, plus sain, plus équilibré et surtout, d'avoir un contrôle sur ce qu'on nous fait manger. Mais ce combat est devenu un mouvement de pensée très large puisqu'il implique de nombreux domaines : la santé, la citoyenneté, l'économique, l'éducation, l'agriculture, l'industrie agro-alimentaire…

L'alimentation est au cœur des débats et fait couler beaucoup d'encre en France depuis quelque temps. Les consommateurs se méfient de plus en plus des aliments distribués sur le marché. Et on les comprend, après la triste série des « vaches folles[2] », poulets à la dioxine, fruits de mer contaminés par les déchets des pétroliers.

Malgré les efforts des pouvoirs publics pour rassurer, avec la volonté affichée de transparence (« on vous dit tout ») et de traçabilité (« l'histoire du produit est écrite sur son étiquette »), la population reste méfiante.

Le sociologue Claude Fischer explique : « Les produits transformés par l'industrie apparaissent de plus en plus comme mystérieux. Or, pour des raisons profondes, nous devons connaître l'origine de nos aliments. Nous sommes ce que nous mangeons. » C'est pour cela que beaucoup sont devenus adeptes de la nourriture biologique, ou végétariens, voire végétaliens (aucune protéine animale), plutôt par peur des risques que par réelle conviction philosophique.

Les partisans de la « bonne bouffe » proposent le bon goût et la santé, sans se priver d'aucun plaisir de la table.

---
1. Syndicats d'exploitants agricoles, concurrents de la FNSEA. (fédération nationale des exploitants agricoles)
2. Nom familier donné à la maladie de Kreuzfeld-Jacob.

a. Cette inquiétude générale face à la nourriture existe-t-elle dans votre pays ?
b. Y a t-il une expression équivalente à la « malbouffe » dans votre langue ?
c. Quelle est votre position sur ce sujet ?

Le journal à plusieurs voix

emilieletellier@hitmail.fr : D'accord. Il y a un Superprix qui vient d'ouvrir à côté de chez moi. Vous verriez les prix : la plaquette de beurre à 1 euro ; les 6 yaourts à 1 euro 50.

jeannekeller@srasbourg.fraa.fr : C'est merveilleux. Trois nouvelles boutiques de produits bio à Strasbourg. Les consommateurs commencent à devenir raisonnables.

emilieletellier@hitmail.fr : Et les commerçants s'enrichissent ! Tu as fait le calcul : 1 litre d'huile, plus une savonnette, plus 1 paquet de farine dans une boutique bio = 14,30 €, trois fois plus cher que dans un supermarché.

jeannekeller@srasbourg.fraa.fr : La qualité de vie a un prix.

emilieletellier@hitmail.fr : Donc, quand on n'a pas d'argent, on peut s'empoisonner tranquillement.

jeannekeller@srasbourg.fraa.fr : Je ne dis pas cela. Et puis tu exagères ; on peut consommer sain à la campagne.

emilieletellier@hitmail.fr : Oui, mais il faut avoir une maison de campagne. Et puis, je te signale que les paysans utilisent des pesticides. Alors, la qualité de vie à la campagne, ça me fait bien rire.

jeannekeller@srasbourg.fraa.fr : Je te trouve de très mauvaise foi, aujourd'hui !

emilieletellier@hitmail.fr : Non, pas du tout… d'ailleurs, pour te montrer que tu m'as convaincue, je vais acheter pour mon chat du Ronron sans expérimentation animale…

jeannekeller@srasbourg.fraa.fr : Comme c'est drôle !

À vous !
Entrez sur le forum et parlez de la qualité des produits que vous trouvez sur votre marché.

Le coin des livres

La Terre vue du ciel, *Yann Arthus-Bertrand*

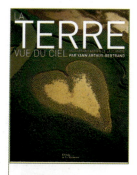

Les créations de parcs, réserves, conservatoires et conventions internationales sont autant de stratégies visant à la nécessaire protection de la nature mais aussi des cultures, au sens cultural et culturel du terme. Car chaque culture possède ses propres traditions alimentaires et thérapeutiques, qu'il convient à tout prix de préserver, d'abord au bénéfice de ceux-là mêmes qui en sont les premiers utilisateurs. D'où, aujourd'hui, des conventions passées entre de grands laboratoires des pays du Nord et les pays en voie de développement, détenteurs au premier chef des ressources génétiques, conformément aux décisions du Sommet de la Terre tenu à Rio en 1992. Elles visent à rémunérer les pays fournisseurs de ces ressources, dès lors que celles-ci aboutissent à un nouveau médicament, par exemple.

À travers le monde, ce sont des multitudes de variétés et d'espèces diverses qui assurent les besoins des populations et représentent, pour employer la terminologie à la mode, une prodigieuse « banque de gènes ». Cette banque n'est autre que la nature elle-même, dont les ressources ont été améliorées par des générations et des générations d'agriculteurs, puis d'agronomes pratiquant la sélection et l'hybridation. Mais protéger la nature, c'est aussi reconnaître notre propre filiation et notre appartenance à cette nature qui nous nourrit, nous guérit et nous émerveille. Tous nos engins technologiques, y compris les plus sophistiqués, pourraient disparaître à l'instant sans compromettre de façon décisive la survie de l'humanité. Ce serait une crise terrible, certes, mais *in fine*, la nature y remédierait. Car la première de toutes nos ressources, c'est la terre et ses fruits. En revanche, que les plantes, par hypothèse, viennent à disparaître, et nous serions tous condamnés à périr, affamés, dans les plus brefs délais.

© ÉDITIONS DE LA MARTINIÈRE, 2004

> **L'AUTEUR**
>
> Yann Arthus-Bertrand était photographe pour les revues *Paris-Match* ou *Géo*. C'est en 1994 qu'il démarre sa plus grande aventure, avec la complicité de l'UNESCO : un inventaire des plus beaux paysages du monde, vus d'en haut.

> **LE LIVRE**
>
> Le projet de Yann Arthus-Bertrand a rencontré un immense succès. L'ouvrage présente un état des lieux des grands enjeux écologiques et sociaux auquel le monde est aujourd'hui confronté.

Quels sont les arguments de Y. Arthus-Bertrand pour convaincre ses lecteurs de la nécessaire défense de la nature ?

9 UNITÉ Proximité

oral

La fin d'un petit commerce

À la boulangerie
MME LETELLIER : Alors, Monsieur Dumas, il paraît que vous allez fermer. Quel dommage !
M. DUMAS : Que voulez-vous, c'est la vie. Ah, si seulement ma femme était encore vivante, elle ne laisserait pas faire ça.
MME LETELLIER : Il faut vous battre !
M. DUMAS : Me battre, à mon âge ! Ma pauvre dame, je n'ai plus la force…
MME LETELLIER : On va vous regretter…

À la maison, deux mois plus tard, après la fermeture de la boulangerie
MME LETELLIER : Dis donc, le pain, il est de moins en moins bon !
M. LETELLIER : Oui, je sais. Ça ne vaut pas le pain que faisait le boulanger…
MME LETELLIER : Je m'en souviens encore !
M. LETELLIER : Si on s'était mobilisés, la boulangerie n'aurait pas fermé.
MME LETELLIER : Oui, c'est dommage mais c'est trop tard. C'est l'épicerie, maintenant, qu'il faut défendre.

À l'épicerie
M. LETELLIER : Allons, monsieur Khalifa, on va vous défendre.
M. KHALIFA : Oh, pour moi, vous savez, c'est trop tard. Mais je suis attaché à mon épicerie.
M. LETELLIER : Ça doit bien faire trente ans que vous y travaillez !
M. KHALIFA : Oui, et même plus. Vous voyez, moi, je vais partir, mais si quelqu'un continuait mon travail, ça me ferait vraiment plaisir. J'aurais l'impression de ne pas avoir travaillé pour rien.

Sur le trottoir
MME LETELLIER : Vous savez pas, madame Traoré ? L'épicerie en face de chez moi… elle ferme.
MME TRAORÉ : Ah bon ? La mienne aussi. Et madame Fernandez m'a dit que la sienne ne tarderait pas à fermer.
MME LETELLIER : C'est une catastrophe !… Toutes nos épiceries ferment !

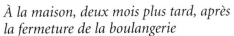

> **Les adverbes en -ment :**
Ça me ferait **vraiment** plaisir.
Nous avons **absolument** besoin d'un commerce de proximité.

> **Les pronoms possessifs :**
La mienne aussi. Et Mme Fernandez m'a dit que **la sienne** ne tarderait pas à fermer.

écrit

Fermeture de notre épicerie

>>> Notre épicerie est menacée de fermeture.
Pour lui apporter votre soutien, signez cette pétition !

Monsieur le maire,

Notre bourg a déjà perdu une boucherie, un bureau de tabac, une boulangerie… Pendant ce temps-là, vous avez autorisé l'ouverture d'un supermarché dans notre commune.

Et aujourd'hui, c'est notre épicier qui est menacé. Nous le connaissons depuis des années. Nous apprécions tous sa disponibilité. Ce magasin ouvre à 7 h 30 du matin et ferme à 22 h 30. Il est ouvert même le dimanche.

Comment vont faire toutes ces personnes âgées pour faire leurs courses ?

Le supermarché est trop loin du centre ville. Sans parler des gens qui travaillent ; où feront-ils leurs provisions ? C'est grâce à notre épicier que bon nombre d'entre nous pouvons les faire.

Même si les prix du supermarché peuvent attirer une partie de la clientèle, nous avons absolument besoin d'un commerce de proximité avec des horaires flexibles.
C'est pourquoi nous vous demandons de racheter le bail pour permettre à ce petit commerce de survivre.

☞ Sauvons les commerces de proximité !
La qualité de notre vie en dépend !

activités

1. Faites la liste des commerces cités et ajoutez ceux que vous connaissez.

2. Relevez les pronoms possessifs et indiquez le nom qu'ils remplacent.

3. Dans votre pays, le commerce de proximité arrive-t-il à survivre aux grandes surfaces ?

OUTILS

vocabulaire

1. Les grandes surfaces

Placez les mots suivants sur ce plan.

une caisse – faire la queue – un panier – un rayon – l'escalator – un chariot

2. Les commerces et les commerçants

a. Faites des phrases selon le modèle :

Je vais **à la** boulangerie.
Je vais **chez** le boulanger.

1 patisserie

boulangerie

9 fleuriste

10 librairie

2 épicerie

3 marchand de fruits et légumes

11 disquaire   **12** coiffeur

b. Voici la liste des courses, chez quels commerçants allez-vous ?

500 gr de crevettes	2 baguettes
2 tranches de jambon	1 tarte aux pommes pour 6 personnes
4 côtelettes d'agneau	1kg de cerises
1 boite de sucre	1 camembert
1 kg de farine	1 bouteille de vin

4 poissonnerie

5 boucherie

c. Vrai ou faux ?   V   F

1. Un disquaire vend des livres. ☐ ☐
2. Dans les grands magasins, on vend seulement de l'alimentation. ☐ ☐
3. Au supermarché, on prend un chariot si on achète beaucoup d'articles. ☐ ☐
4. L'escalator est un escalier en bois. ☐ ☐
5. Dans une parfumerie, on achète du dentifrice. ☐ ☐
6. La caisse d'un magasin c'est une machine qui additionne avec un tiroir pour ranger la monnaie. ☐ ☐

6 charcuterie   **7** crèmerie   **8** parfumerie

vocabulaire

3 Les commerces de proximité d'hier et d'aujourd'hui

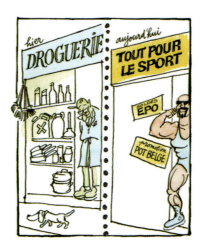

BD de Cabu – *Journal à Paris*, Nov–déc 2004

Quels sont les commerces d'hier et ceux d'aujourd'hui ?
Comment expliquez-vous ce phénomène ?
Ce phénomène existe-t-il dans votre pays ? Donnez des exemples.

phonétique

Les sons /s/ et /ʃ/

	1.	2.	3.	4.	5.	6.	7.	8.	9.	10.
différent										
identique										

1 Entraînez-vous

a. Opposition articulatoire. Mettez-vous par deux. Écoutez, répétez en faisant les gestes.

b. Virelangues.

2 À vous de jouer !

a. Écoutez et mettez une croix dans la bonne colonne.

b. Chantez maintenant !

graphie

Relisez les dialogues de la page 104 et repérez les différentes graphies possibles pour les sons /s/ et /ʃ/.

107 /cent-sept / UNITÉ **9** / Proximité

OUTILS grammaire

1 Synthèse des pronoms personnels et réfléchis

Pronoms personnels

Nombre	Personne	Tonique	Sujet	Réfléchi	COD	COI
Singulier	1re	moi	je	me / m'	me	me
	2e	toi	tu	te / t'	te	te
	3e	lui, elle	il, elle, on	se / s'	le / la / l'	lui
Pluriel	1re	nous	nous	nous	nous	nous
	2e	vous	vous	vous	vous	vous
	3e	eux, elles	ils, elles	se / s'	les	leur

> **LE PRONOM *en***
> - COD (partitif)
>   *Du pain, j'**en** ai.*
> - COI (*de* + nom)
>   *Ce village, je m'**en** souviens.*
> - Lieu d'où l'on vient
>   *Ce village, j'**en** viens.*

a. Complétez les textes suivants.

1. Jérôme et Marie viennent de … installer dans les Pyrénées. C'est une très jolie région ; on peut … faire du ski. Il … fait chaud en été et froid en hiver. Émilie et Vincent, …, habitent en Normandie. Jérôme et Marie … ont invités à Noël. Ils sont venus et ils … ont apporté des spécialités gastronomiques normandes. Il y avait longtemps qu'ils ne … étaient pas vus.

2. Jeanne est la meilleure amie d'Émilie. Elle … a rencontrée à la crémaillère de Jacques, et Jacques … avait présentées. Elles … entendent très bien mais elles ne … voient pas souvent parce qu'elles n'habitent pas la même ville.

3. L'épicier, je … connais depuis longtemps, je … achète de tout, même du pain. J'… achète le dimanche. C'est dommage, il va fermer, il … a dit.

4. Le supermarché est loin de chez … Nous … allons une fois par semaine. Les courses, je … fais le samedi après-midi. Il y a beaucoup de monde. Mes enfants … disent d'… aller le vendredi soir et je … réponds que le vendredi soir, je suis fatiguée.

> **LE PRONOM *y***
> - COI (*à* + nom)
>   *Mes vacances, j'**y** pense encore.*
> - Lieu où l'on va
>   *Ce village, j'**y** vais souvent.*

b. Trouvez une question pour chacune de ces réponses.

1. — Nous l'avons achetée l'année dernière.
2. — Ils y vont tous les mercredis.
3. — Mais si, je le lui ai dit.
4. — Il n'y en a plus.
5. — C'est François qui m'y a accompagné.

2 Les pronoms possessifs

a. Écoutez et observez.
— L'épicerie en face de chez moi ferme. — Ah bon ? **La mienne** aussi.

Pronoms possessifs

Possesseur	Masculin singulier	Féminin singulier	Masculin pluriel	Féminin pluriel
je	le mien	la mienne	les miens	les miennes
tu	le tien	la tienne	les tiens	les tiennes
il / elle /on	le sien	la sienne	les siens	les siennes
nous	le nôtre	la nôtre	les nôtres	
vous	le vôtre	la vôtre	les vôtres	
ils / elles	le leur	la leur	les leurs	

grammaire

b. De quels objets parle Madame Letellier ? Associez.

1. La mienne est plus rapide que la tienne.
2. Les miens sont étudiants.
3. Avez-vous apporté les vôtres ?
4. Il achète le sien, à la boulangerie en face de chez moi.
5. Le mien est loin de chez moi, il faut y aller en voiture.
6. Jérôme et Marie ont rangé les leurs.

a. leurs bagages
b. mon supermarché
c. ma voiture
d. mes enfants
e. vos CD
f. son pain

c. Complétez avec un pronom possessif et dites quel mot il remplace.

1. Mon charcutier fabrique son pâté. ……… est meilleur que celui du supermarché. (= ………)
2. Je ne trouve pas mes clés, tu peux me passer ………… ? (=…………………)
3. Tu me prêtes ta moto, …………… est en panne. (=…………………)
4. — Comment vont tes parents? — Bien, et comment vont ………………(=…………………..)
5. Ta sœur a 8 ans ? Elle est plus grande que ……………… (=…………………)
6. Notre maison est au centre-ville. Les Letellier ont …………… près de la gare.

3 Les adverbes de manière

a. Observez.

Justement, ça me ferait **vraiment** plaisir que l'épicerie ne ferme pas.

b. Complétez le tableau suivant.

	Manière : avec + substantif	Adjectif au masculin	Adjectif au féminin	Adverbe de manière
avec	amour			
	courage			
	calme			
	justesse	juste	juste	justement
	gentillesse			
	gaieté			
	insuffisance			

FORMATION DES ADVERBES EN -ment

• Règle générale

Adjectif terminé par une **consonne** ➔ + e + -ment
   lent ➔ lentement
   silencieux ➔ silencieuse ➔ silencieusement

Adjectif terminé par une **voyelle** ➔ + -ment
   juste ➔ justement
   spontané ➔ spontanément
   vrai ➔ vraiment
   absolu ➔ absolument

• Les adjectifs terminant par **-ant** ou **-ent** donnent des adverbes en **-amment** ou **-emment** :
   élégant/-e ➔ élégamment
   récent/-e ➔ récemment

Attention aux exceptions !
·intense ➔ intensément
·spontané ➔ spontanément
·impuni ➔ impunément

Remarque
Certains adverbes en **-ment** sont également utilisés comme interjection.
Vraiment !   Justement !   Franchement !

c. Répondez aux questions en utilisant un adverbe de manière.

Exemple : — Tu as déjà fini ton rapport ?
— Oui, je travaille toujours rapidement.

1. — Vous préparez toujours ce plat de la même façon ?
— Non, quelquefois, je le prépare ……
2. — Elle a assez d'argent pour s'offrir cette voiture ?
— Oui, elle gagne ……
3. — Vous connaissez Paul depuis longtemps ?
— Non, j'ai fait sa connaissance ……
4. — Tu ne crois pas ce que tu dis !
— Mais si, je parle …… !
5. — Attention, mon fils dort. Parlez plus ……

Situations

👄 PARLER

1. a. Quel type de commerce domine dans votre pays ou votre région ?
   b. Débattez des avantages et des inconvénients des petits commerces et des grandes surfaces.

📖 LIRE

2. Lisez l'article, puis répondez aux questions.

Groupe du mouvement républicain et citoyen

TOUT FAIRE POUR PRÉSERVER LA DIVERSITÉ COMMERCIALE ET SAUVER LES COMMERCES DE PROXIMITÉ À PARIS

À Paris, l'augmentation des baux[1] et les habitudes de consommation qui favorisent les grandes surfaces rendent la vie dure aux commerçants de proximité. Dans certains quartiers, des mono-activités font même disparaître toute diversité commerciale. D'ailleurs, la mono-activité existe dans presque tous les arrondissements de Paris. Il s'agit là d'une évolution négative, car le petit commerce est un facteur de convivialité et de lien social.

C'est aussi la mondialisation libérale sans limite qui est la cause de ce phénomène. Ainsi, pour ce qui est de la mono-activité textile qui existe dans le XIe, il faut savoir que, aujourd'hui, 50 % des vêtements vendus sont fabriqués en Chine, où les coûts sont inférieurs aux nôtres.

Consciente des désagréments causés aux habitants, la municipalité parisienne s'est saisie de l'enjeu et a fait voter le 16 décembre un texte important. En effet, la SEMAEST, société d'économie mixte de la ville, est dotée d'une mission d'aménagement qui lui permettra de préempter[2], dans six quartiers parisiens, des murs de boutique, ou d'acquérir à l'amiable des baux pour ensuite les vendre ou les louer à des commerces de proximité, des professions libérales ou des associations. Ce projet-pilote, unique en France, est porté depuis le début de la mandature[3] par la municipalité parisienne avec sérieux et efficacité. Cependant, ce dispositif n'est pas la solution miracle : pour stopper les mono-activités, il faut que le gouvernement fasse voter un projet de loi par le Parlement. C'est ce que j'ai demandé au Premier ministre, qui m'a reçu le 15 décembre et à qui j'ai présenté trois propositions de texte législatif.

L'enjeu est de taille : il s'agit de sauver le petit commerce indépendant, premier employeur de France.

Georges Sarre, Président du Groupe
in *À Paris*, février-mars 2004.

---
1. un bail, *pl.* des baux – 2. le droit de préemption : le droit d'acheter en premier ; préempter – 3. la mandature = le mandat

a. Dans quel état se trouvent actuellement les petits commerces parisiens ?
b. Qu'y a-t-il de particulier dans le XIe arrondissement ?
c. Selon l'article, quels sont les principaux facteurs responsables de la situation ?
d. En quoi consiste l'initiative prise par la mairie de Paris ?
e. Que pensez-vous de son efficacité ?
f. Quelle demande est faite au gouvernement ?
g. En quoi peut-elle sauver le commerce de proximité ?

✏️ ÉCRIRE

3. **De nouvelles chaussures pour faire les courses !**
Vous habitez dans le XIe arrondissement à Paris. Le dernier épicier de votre quartier vient hélas de baisser le rideau pour la dernière fois. Plus une boulangerie dans le secteur… et la plus proche est à un quart d'heure à pied. Furieux, vous écrivez à la mairie de votre arrondissement pour protester.

🎧 ÉCOUTER

Demain.fr : La petite Boutique des reprises
La Petite Boutique des Reprises, présentée par Virginie Schmidt, est votre rendez-vous si vous souhaitez reprendre une entreprise.
En 13 minutes, retrouvez en images, deux fois par semaine, des affaires à reprendre dans tous les secteurs d'activité et sur toute la France.

Demain.fr

4. Écoutez cette annonce, puis répondez aux questions : 🎧

a. Dites si les affirmations suivantes sont vraies ou fausses, et rectifiez si nécessaire.

	V	F
1. La Petite Boutique des Reprises est un programme hebdomadaire.	☐	☐
2. Ce programme a un site Web spécifique.	☐	☐
3. Les offres de reprise sont limitées au secteur hôtelier.	☐	☐
4. Des aides financières et techniques à la reprise sont proposées par certains départements et régions.	☐	☐
5. Une erreur s'est glissée entre le message enregistré et la présentation du programme ci-dessus.	☐	☐

b. Répondez aux questions suivantes, de manière individuelle ou en groupe :
1. Existe-t-il un programme similaire sur votre télévision ?
2. Dans quelles mesures les facilités données à la reprise de petits commerces peuvent-elles aider à lutter contre le chômage ?
3. Avez-vous déjà travaillé à votre compte ?
4. Avez-vous déjà pensé à vous installer en milieu rural ?

ÉCRIRE et PARLER

5. Deux offres de reprises vues sur le site Demain.fr :

Bio boutique !
Briançon (05)

- Yannick et Michel de Courtois ont créé Bio Boutique (épicerie-alimentation, biosanté, compléments alimentaires, sport, esthétique et beauté) en 1978. 26 ans qu'ils développent l'approche « Bio » et cela sans le moindre regret. Ce phénomène atypique est devenu un vrai réflexe qualité de la part des consommateurs. D'autant plus appréciable pour un commerce lorsque la population locale est composée de sportifs, attachés aux règles édictées par la montagne et la nature.

- Michel et Yannick de Courtois ont défini un véritable concept pour devenir les leaders incontestables du marché bio sur la zone du grand Briançonnais. Concept porté par un projet volontaire et repris dans leur formule : « Bio Boutique, un outil pour la santé globale ». C'est ainsi que plus de 3 000 références sont proposées en rayons ! […] Ils vous proposent de créer la suite d'une réelle opportunité, car le temps est venu pour Yannick et Michel, de vivre sainement et pleinement leur retraite. […]

- Tout l'équipement et les agencements sont là, en très bon état, pour que vous soyez à même de reprendre les commandes de Bio Boutique rapidement (quelques semaines de formation seront assurées par les vendeurs). […]
Côté cadre, vous ne serez pas déçu ! La boutique est située dans la rue principale d'accès au centre-ville de Briançon. […]

Bar restaurant
Ardin (79)

▶ Dans la commune d'Ardin, 1 200 habitants à une vingtaine de kilomètres de Niort, dans le département des Deux-Sèvres, un bar restaurant est à reprendre pour cause de départ à la retraite.

▶ Ardin est une commune très étalée, composée d'un nombre important de hameaux. La commune dispose d'une boucherie-charcuterie, d'une boulangerie, d'un bar-tabac-presse, d'un garagiste et d'entreprises artisanales locales. La commune est dynamique. […]

▶ Le bar restaurant, avec licence IV, est situé dans la rue principale du village, disposant du parking principal de l'église, situé à une cinquantaine de mètres.
En semaine, 20 à 30 repas sont servis par jour à une clientèle principalement composée de salariés, VRP[1], touristes ou encore professionnels de la route.
Le week-end, l'activité change puisque des repas à thème sont organisés, des repas de famille ou encore pour les associations locales.
Le bâtiment est en bon état, la surface s'étale sur 200 m². Un logement est mis à disposition, comprenant deux chambres, une salle de bains et une salle à manger + dépendances.
Le montant de la cession est estimé à 110 000 € pour les murs et le fonds de commerce.

1. VRP = Voyageur représentant placier : représentant de commerce

a. Écrivez à Yannick et Michel pour leur faire part de votre intérêt pour leur boutique bio et leur demander de plus amples renseignements.
b. Téléphonez aux propriétaires du bar-restaurant pour en savoir plus sur Ardin et sur les facilités de la reprise de leur affaire.

Documents

Vie pratique

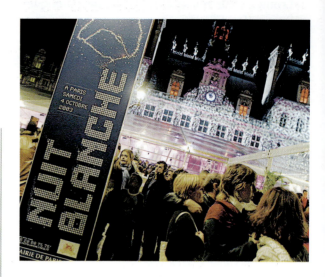

Quelle est la situation en France par rapport aux heures d'ouverture ?

Chez nous, les transformations des rythmes de nos vies et de nos villes et la prise de conscience sont plus récentes. L'économie grignote la nuit comme les autres temps de pause : sieste, repas, vacances… Résultat : près de 20 % des actifs travaillent parfois en nocturne. 80 % des Français sortent la nuit contre moins de 60 % il y a trente ans. La fin du couvre-feu médiatique, l'éclairage, les excitants font que nous dormons moins et que nous nous couchons plus tard que nos parents. Confrontés à ces évolutions, les chercheurs, les techniciens et les élus ne peuvent plus faire l'économie de la nuit et commencent à s'y intéresser à travers la lumière, l'insécurité ou le tourisme urbain.

Allons-nous pour autant vers des villes vingt-quatre heures sur vingt-quatre ?

Nos métropoles ne fonctionnent pas encore en continu mais le cœur de la nuit, quand les activités sont au ralenti, ne représente déjà plus qu'une tranche de trois heures, entre 1 h 30 et 4 h 30 du matin. L'animation nocturne fait désormais partie des stratégies de marketing territorial pour attirer entreprises, touristes, cadres ou étudiants et devient parfois un élément central des politiques de redynamisation urbaine.

Intéressées par les retombées d'une économie de la nuit, mais inquiètes des problèmes de nuisances et de santé publique, les collectivités engagent le dialogue avec les professionnels de la nuit, qui « Salon des nuits parisiennes » en janvier dernier. Les entreprises tentent d'optimiser leur appareil productif en fonctionnant en non-stop. La nuit est devenue un marché pour les sociétés commerciales et de services qui s'affichent en 24/7. Les distributeurs et les magasins automatiques qui ont envahi nos villes font 60 % de leur chiffre d'affaires après 22 heures.

Luc Gwiazdzinski, extrait de l'article
« Il faut que la nuit, en ville, devienne un espace d'égalité »,
Libération, 5 mars 2005, propos recueillis par Sylvain Allemand.

Vrai ou Faux ?   V   F
a. La majorité des Français travaillent de nuit. ☐ ☐
b. Les Français sortent plus la nuit que les générations précédentes. ☐ ☐
c. Les responsables ne peuvent plus éviter de réfléchir à « la vie nocturne » des villes. ☐ ☐
d. La vie nocturne est devenue une stratégie de séduction pour dynamiser la ville. ☐ ☐
e. Il est impossible d'acheter quoi que ce soit dans les villes françaises après 22 heures. ☐ ☐

L'œil du sociologue

Le second souffle des petits commerces

Depuis longtemps, le combat entre les grandes surfaces et les petits commerces de quartier ressemble à celui de David et Goliath. Les habitants des grandes villes ont perdu l'habitude de dire : « Je vais chez le boucher, chez le poissonnier… » Ne parlons même pas de la quincaillerie et de la mercerie. Depuis peu, le petit commerce reprend vie en raison d'un bouleversement des modes vie et des mentalités.

Jean-Louis Jamet, ancien président de la CCIP-Délégation de Paris explique :

« La grande distribution périphérique montre des signes d'essoufflement. Elle ne correspond plus aux nouvelles attentes des consommateurs. En raison de leur « course au gigantisme », les grandes enseignes séduisent de moins en moins les clients, les hypermarchés atteignent un point de rupture. Les nouvelles attentes des consommateurs s'articulent autour de trois tendances de fond : le vieillissement de la population, l'éclatement de la famille, une nouvelle organisation du travail, plus flexible. Conséquence : l'idée selon laquelle les consommateurs ont plus de temps libre pour faire leurs courses est un leurre. Plus on est mobile et flexible, mieux on doit gérer son temps.

Or, le gigantisme des pôles commerciaux périphériques va à l'encontre du besoin de rationalité des consommateurs. En attendant, après plus de 30 ans de prépondérance, les grandes enseignes périphériques montrent leurs premiers signes d'essoufflement, ouvrant de ce fait une "fenêtre de tir" exceptionnelle pour le commerce de proximité. Mais le commerce de proximité doit réussir à promouvoir le commerce plaisir, par opposition au commerce prix bas ».

CCIP-DÉLÉGATION DE PARIS - WWW.CCIP75.CCIP.FR

a. Quel est l'équilibre dans votre pays entre grandes surfaces et petits commerces ? Que préférez-vous ?

b. Observe-t-on la même tendance qu'en France, d'un retour aux commerces à taille humaine ?

Le journal à plusieurs voix

vincentletellier@paris.fraa.fr : Pour cet été, ma sœur a trouvé un petit boulot de vendeuse chez Virgin.

lucielepavec@paris.fraa.fr : Je croyais qu'elle était contre les grandes surfaces, contre les centres de distribution…

vincentletellier@paris.fraa.fr : La musique, ce n'est pas pareil. S'il n'y avait pas de grandes surfaces, on trouverait des disques, mais à quel prix ?

Lucielepavec@paris.fraa.fr : Ce n'est sûrement pas désagréable de travailler en écoutant de la musique…

vincentletellier@paris.fraa.fr : Si c'était sa musique préférée. Ce n'est pas toujours le cas. En ce moment, tout le monde veut du rapp, elle, c'est plutôt le rock qu'elle aime.

Lucielepavec@paris.fraa.fr : J'aimerais bien la voir si j'avais un moment. Mais avec mon emploi du temps, c'est difficile.

vincentletellier@paris.fraa.fr : T'as oublié que c'était ouvert le dimanche.

lucielepavec@paris.fraa.fr : Justement, je suis contre l'ouverture des magasins le dimanche.

vincentletellier@paris.fraa.fr : Tu as tort. C'est le meilleur moment pour acheter. Il n'y a pas trop de monde… Et ma sœur peut t'avoir une petite ristourne.

lucielepavec@paris.fraa.fr : Si tu me prends par les sentiments…

*Êtes-vous pour ou contre l'ouverture des magasins le dimanche ?
Entrez sur le forum, donnez votre opinion et justifiez votre point de vue.*

Le coin des livres

Laissées-pour-compte, *Robert Bober*

Les clients parisiens, ceux qui, par exemple, tenaient boutique sur les grands boulevards, et qui par conséquent n'avaient pas besoin de représentants pour passer leurs commandes, venaient directement rue de Turenne chez monsieur Albert ou chez d'autres tailleurs du quartier, car comme les marchands de meubles qui sont pratiquement tous installés dans le Faubourg Saint-Antoine, c'est dans ce quartier de la rue de Turenne que l'on trouve presque tous les fabricants de prêt-à-porter. Cette forte concurrence mobilisait entièrement monsieur Albert. Ses clients, il devait les apprivoiser, les séduire puis en faire la conquête. Cela demandait du talent et de l'expérience. On pouvait même ajouter de la psychologie. Les arguments qu'il avait mûris avec attention, soigneusement préparés, étaient choisis, développés, nuancés, selon que les clients avaient leur magasin du côté de la Nation ou de l'Opéra. Aussi ses prestations ne tenaient-elles pas du hasard mais du savoir.

Devant chaque client, ajoutant aux commentaires de la voix ceux du geste, saisissant tour à tour chacun des quatorze modèles de la saison, il en habillait ses mannequins qui tourbillonnaient alors sous ses doigts. Cela ressemblait parfois à un ballet dont il aurait été à la fois le chorégraphe et l'exécutant. On eût dit à le voir que la fabrication de modèles n'avait d'autre fin que leur présentation.

Parlant pour celui-ci de la souplesse du tissu, pour celui-là de l'élégance de la silhouette, pour un autre du décolleté gracieux, pour un autre encore du dessin du buste ou de son allure ni vague ni étranglée mais « près du corps », de la place précise des pinces marquant discrètement le galbe des hanches, les modèles avaient tous droit à un compliment de qualité qui soulignait leur perfection.

Pourtant, bien que convaincu du talent de son modéliste et de la pertinence de son propre jugement, monsieur Albert savait d'expérience que chaque saison apportait son lot de « laissés-pour-compte ».

Les clients se succédaient et s'ils furent unanimement conquis toujours par les mêmes onze modèles, ils n'apportèrent qu'un intérêt modéré à « Prince de Galles », « Grain de poudre » et « Velours de laine ». Et si je raconte leur histoire, c'est que précisément ce sont elles qui furent, cette saison-là, les « laissées-pour-compte ».

© P.O.L, 2005.

> **L'AUTEUR**
>
> D'origine allemande, réfugié en 1933 à Paris. Il est réalisateur à la télévision depuis 1967, auteur de plus de cent films documentaires.

> **LE LIVRE**
>
> Ce livre raconte l'histoire de trois vestes que les clients vont inexplicablement laisser de côté parmi la collection d'été de 1949.

Comment le texte présente-t-il le travail de M. Albert dans cet extrait ?

BILAN 3

Vous connaissez...

1 Les doubles pronoms compléments

a. Mettez les mots en ordre pour faire une phrase.
1. leur – dit – le – elle – a
2. fais – te – tu – le
3. les – achetez – vous – vous
4. y – elle – range – les
5. en – nous – lui – donnons
6. ils – préparent – leur – les
7. me – a – l' – elle – demandé

b. Choisissez la bonne réponse.
Attention, plusieurs réponses sont possibles.
1. Elle   *me/se/te/lui*   le dit.
2. Nous   *lui/leur/la*   en parlons.
3. Cette chaise, le brocanteur   *la/le/l'/les   lui/leur*   a achetée.
4. Des chocolats, il   *les/lui   en/y*   a donné.
5. Je   *lui/leur/les   en/la/leur*   demanderai.
6. Tu   *nous/vous/te   le/la/les/en*   garderas.
7. Vous   *leur/les   en/y*   avez accompagnés.
8. Lucie   *le/la/lui   lui/leur/les*   a apporté(e).

2 Les pronoms réfléchis

Complétez.
a. Fais-le .... !
b. Faites-le .... !
c. Faisons-le .... !
d. Il s'est dit à .... : « on ne m'y reprendra plus ».
e. — Ce sont eux qui ont fait ces exercices de grammaire ?
   — Oui, ils les ont faits ....
f. — Tu as donné ta voiture à réparer ?
   — Non, je l'ai réparée ......, c'était plus rapide et moins cher !
g. — Vous avez acheté du pain ?
   — Non, je n'en achète plus, je le fais ......

3 Les verbes à constructions multiples

Imaginez la suite de ces phrases.
a. Je sais ....
b. Je ne sais pas si ....
c. J'ai demandé à ....
d. Je me demande si ....
e. J'ai demandé de ....
f. J'ai oublié de ....
g. J'ai oublié que ....

4 Le subjonctif (suite)

a. Complétez ces phrases avec un verbe de votre choix à l'infinitif ou au subjonctif.
a. J'aimerais que .... avec moi.
b. Je trouve inadmissible de .... des crèmes testées sur des animaux.
c. Tu trouves normal que ....
d. Il a peur de ....
e. Nous sommes contents que ....

b. Complétez ces phrases par un verbe introducteur suivi de *que* ou *de*.
1. ...... utiliser des pesticides pour les cultures.
2. ...... tu achètes des produits qui contiennent des conservateurs.
3. ...... vous arriviez en retard et que vous ratiez le début de la séance.
4. ...... ils paient chacun leur part de loyer.
5. ...... sortir avec lui. Il viendra me chercher à 20 heures et nous irons au restaurant.

5 La mise en relief

Mettez en relief l'élément souligné.
a. <u>Vincent</u> m'a dit de te téléphoner.
b. <u>Maintenant</u>, il peut venir te voir.
c. Les comédies musicales <u>me plaisent beaucoup</u>.
d. La disparition des petits commerces <u>est inquiétante</u>.
e. <u>Je préfère</u> acheter mon pain à la boulangerie ; il est meilleur qu'au supermarché.
f. Je déteste <u>la cuisine trop grasse</u>.

6 Les pronoms possessifs

Complétez ces dialogues.
a. — Tu n'as pas de stylo ? Tiens, prends ....
b. — Mon coiffeur vient de fermer son salon. Et toi, ... est toujours place Saint-Michel ?
c. — Comment vont tes cousins ?
   — Très bien, merci. Et .... ?
d. — Mes parents sont à Marseille.
   — Eh bien ! nous, ... sont aussi dans le coin, ils sont à Aix.

7 Les adverbes de manière

a. Trouvez les adverbes correspondant aux adjectifs.

1. cher →
2. joli →
3. rapide →
4. heureux →
5. évident →
6. modeste →
7. normal →
8. scandaleux →
9. méchant →
10. franc →
11. urgent →
12. prudent →
13. patient →

b. Complétez les phrases avec des adverbes de l'exercice ci-dessus.

1. J'ai eu deux heures de retard ; il m'a attendu ……
2. Il a plu. ……………, j'avais mon parapluie……
3. Il m'a dit ……… que je n'avais pas le profil pour ce poste.
4. ……………., tu ne prends jamais de risques !
5. Je suis parti……………… ; je n'avais pas le temps.

Vous savez…

1 Marchander, discuter un prix

Vous avez reçu ce devis concernant des travaux dans votre maison. Téléphonez pour demander des précisions et négocier une réduction du montant.

HT : hors taxes
TTC : toutes taxes tomprises

Roger Merle
menuisier

Devis
Confection d'une étagère en merisier massif.
150 x 210 x 30
– Matière première …………… 354, 23 €
– Découpe du bois …………… 75, 29 €
– Assemblage et ajustements … 212, 99 €
– Pose …………………….. 457, 00 €
Montant HT … 1 099, 51 €
TVA (19,6%) … 215, 50 €
TOTAL TTC … 1 315, 01 €

BILAN 3

2 Protester

Vous avez vu cette publicité.

Vous êtes scandalisé(e). Vous envoyez une lettre de protestation.

3 Rédiger un titre d'article de presse

Rédigez les titres correspondant aux informations suivantes.

4 Exprimer vos sentiments

Que pensez-vous des citations suivantes ?

1. Si votre psychanalyste s'endort devant vous, il y a un truc infaillible pour le réveiller : ouvrez doucement votre portefeuille.
Woody Allen

2. Un ministère est l'endroit où ceux qui arrivent en retard croisent dans l'escalier ceux qui partent en avance.
Georges Courteline

3. Il n'y a pire suicide que de se tuer à l'ouvrage.
Anonyme

4. Ce sont toujours les employés qui font des erreurs. Les patrons, eux, font des expériences.
Anonyme

5. Une connaissance, c'est quelqu'un qu'on connaît assez pour lui emprunter de l'argent, mais pas assez pour lui en prêter.
Ambrose Bierce

6. Dieu doit aimer les pauvres, autrement il n'en aurait pas créé autant.
Abraham Lincoln

7. Le mariage, c'est une période de repos entre deux passions.
Elisabeth Taylor

LOISIRS ET CRÉATIONS

Télévision • *unité 10*

Savoir
- Débattre : exprimer son opinion, son approbation, son désaccord
- Émettre des critiques

Connaître
- La cause
- La conséquence
- L'opposition
- La concession

Créer • *unité 11*

Savoir
- Situer un événement dans le temps
- Décrire un objet et faire le mode d'emploi
- Faire des prévisions

Connaître
- Les expressions du temps
- Le but
- Le futur (rappel)

Bonheurs • *unité 12*

Savoir
- Parler de sa santé
- Exprimer des souhaits
- Exprimer le doute et la certitude
- Exprimer le regret
- Faire des reproches
- Donner des conseils

Connaître
- Les emplois de l'infinitif
- Le présent du subjonctif (suite)
- Le passé du conditionnel
- La concession (suite)

10 UNITÉ Télévision
oral

Zapper

LUCIE : Qu'est-ce qu'il y a sur la Une ?
ADRIEN : Le Grand Débat du monde, je crois.

Sur TF1
M. RICHARD : …pour ma part, je ne suis pas d'accord avec cette prise de position. Les syndicats sont une nécessité dans un pays dém...
MME TURNOWSKI : Mais je n'ai jamais dit le contraire ! Vous déformez ma pensée…
M. RICHARD : Madame Turnowski, ne m'interrompez pas sans arrêt. Puisque vous ne me laissez pas parler, je quitte cette émission…
L'ANIMATRICE : Non, non, Monsieur Richard, vous avez la parole. Continuez…
ADRIEN : Ces débats à n'en plus finir, j'en ai assez !
LUCIE : Mets la 2.

Sur France 2
L'ANIMATEUR : Je répète, quelle est la capitale du Kosovo ?
LE CANDIDAT : Euh…
L'ANIMATEUR : Vous avez encore 10 secondes… Stop ! Ah, monsieur Léclair, c'est dommage ! Vous aviez pourtant bien commencé…

ADRIEN : Moi, j'avais la réponse.
LUCIE : Encore heureux ! Tu ne vas tout de même pas regarder ce jeu débile.
ADRIEN : Ça me détend…
LUCIE : Ah non, moi je refuse de regarder n'importe quoi, sous prétexte que tu es fatigué…
ADRIEN : Je ne te demande pas de regarder.
LUCIE : Puisque c'est comme ça, je vais lire…

> **La cause :**
Puisque vous ne me laissez pas parler, je quitte cette émission...

> **La conséquence :**
…**tant et si bien qu'**elle a fini par dépasser toutes les autres en audience…

écrit

Notre sélection

France 2 — 20 h 50
Fiction
Maigret, l'ombre chinoise
Policier. Français, 2003.
Réalisation : Charles Nemer. Avec Bruno Crémer (Maigret), Christine Boisson (Germaine Martin).
Patron d'une entreprise florissante, Pierre Boyer est retrouvé assassiné la veille du paiement des salaires. Comme le meurtre a eu lieu dans l'immeuble de la victime, le commissaire est amené à rencontrer les habitants d'un quartier très bourgeois… sans négliger pour autant les personnages habituels de Simenon : le concierge, l'aristocrate, le petit fonctionnaire maniaque…
Un excellent épisode, magistralement interprété par les acteurs…

France 3 — 18 h 05
Jeu
Questions pour un champion
Cela fait déjà 15 ans que Julien Lepers pose ses fameuses questions de culture générale sur France 3. Et pourtant, la magie est toujours au rendez-vous.

L'émission est devenue une référence dans le domaine des jeux, tant et si bien qu'elle a fini par dépasser toutes les autres en audience…

Julien Lepers reçoit ce soir des finalistes venus de dix pays différents. Le Japon est particulièrement à l'honneur, puisque c'est l'année du Japon en France.

M6 — 20 h 50
Télé-réalité
Colocataires
Quatre couples doivent passer un mois ensemble dans une maison. Comme il fait de plus en plus mauvais, il leur est difficile de sortir du bâtiment. Si bien que les témoins de la vie en commun assistent à des scènes désopilantes.

Cette émission est très regardée par le public. En revanche, elle suscite beaucoup de polémiques…

Paris Première — 22 h 45
Reportage
Opinions
Cette émission semble maintenant avoir trouvé le ton juste, au point de séduire même un public jeune. Les deux animateurs, pourtant novices, arrivent à créer un rythme soutenu en alternant reportages et témoignages.

Au sommaire ce soir :
« Comment encourager le commerce de proximité ? », « Est-il bon de se marier jeune ? »

activités

1. Observez les relations logiques dans les phrases et formulez des hypothèses sur leurs différents emplois.
2. Comment vivez-vous « la guerre de la télécommande » ?
3. Quel type de téléspectateur êtes-vous ? Téléphage ? Téléphobe ?

> **L'opposition :**
Cette émission est très regardée par le public. **En revanche**, elle suscite beaucoup de polémiques…

> **La concession :**
Les deux animateurs, **pourtant** novices, arrivent à créer un rythme soutenu…

OUTILS vocabulaire

1 Des programmes pour tous les goûts

Associez les mots à leurs définitions.

1. Documentaire
2. Fiction
3. Film
4. Téléfilm
5. Série
6. Feuilleton
7. Magazine
8. Reality-show
9. Talk-show
10. Informations

a. Émission de radio ou télévision qui donne les nouvelles du jour. Le Journal télévisé (JT).
b. Genre cinématographique ou télévisuel caractérisé par l'exposition de situations réelles.
c. Émission dramatique télévisée dont l'histoire est fractionnée en épisodes courts et de même durée.
d. Film de fiction réalisé uniquement pour la télévision.
e. Émission de télévision traitant de sujets appartenant à un même domaine de connaissances.
f. Émission de télévision consistant en une conversation entre un animateur et un ou plusieurs invités sur un thème déterminé.
g. Ensemble d'épisodes ayant chacun leur unité et diffusés à intervalles réguliers.
h. Émission télévisée mettant en scène la vie quotidienne des gens en accentuant le caractère pathétique de leur situation. Télévérité.
i. Œuvre cinématographique.
j. Film de cinéma ou de télévision exposant des événements imaginés.

D'après *Le Petit Larousse* compact, 2004

2 Demandez le programme

Découvrez les programmes du PAF (Paysage audiovisuel français). Déterminez l'orientation de ces chaînes du PAF français en observant leur programmation sur la grille ci-dessous.

SÉRIE CLUB 30	PLANÈTE 40	CANAL J 80	EUROSPORT 40 61
5.20 Jamais deux sans toi… t Mieux, c'est trop – Action	**7.15** Fous d'animaux III.	**9.00** Jackie Chan.	**7.40** Après ski. **8.00** Eurosport info. **8.15** Après ski. **8.30** Auromobile : Rallye de Suède.
6.40 Passeur d'enfants : *Passeur d'enfants en Thaïlande*	**7.40** Les ailes de légende.	**9.25** Yu-Gi-Oh !	
8.20 Club téléachat	**8.35** Calypso @ Dirty Jim's.	**9.50** Astro Boy.	**9.30** Football : Coupe de l'UEFA. 1/16 de finale. Matchs aller. **10.45** Combiné nordique : Épreuve de saut à skis. HS100 Gundersen. Championnats du monde. En direct.
9.20 Brigade spéciale : *Un jeu dangereux*	**9.30** Le carnaval de Nice, ses clones et ses mutants.	**10.15** Jimmy Neutron.	
11.00 La loi du fugitif : *Fils par le sang*	**10.25** Pris dans la tempête	**10.40** Kid Paddie.	
11.55 Passeur d'enfants : *Passeur d'enfants à Istanbul*	**10.55** Civilisations disparues	**11.05** Titeuf.	
13.40 Les bœuf-carottes : *La manière forte*	**12.35** Les bêtes de la rue	**11.30** Code Lyokô.	**13.00** Biathlon : 12,5 km poursuite messieurs. En direct.
15.15 La loi du fugitif : *Sous les verrous*	**13.10** L'esprit animal	**12.00** Les nouvelles aventures de Lucky Luke : *Soldats Dalton*	**13.45** Tennis : Tournoi féminin d'Anvers. 1/4 de finale. En direct. **15.00** Combiné nordique : Épreuve de ski de fond (15 km). Championnats du monde. En direct.
16.10 Blue Murder : Cellule 13	**13.35** Pris dans la tempête	**12.20** Kangoo juniors	
17.00 X-Files : *Aux frontières du réel (À coup sûr)*	**14.30** Exorcistes	**12.50** Mirmo !	
17.45 Hercule : *La route est libre – L'épée de la vérité*	**15.25** Témoins de Jéhovah : *Demain l'Apocalypse*	**13.15** Ratz : *Stop – La nuit du gouda toxique*	
19.55 Flipper : *L'absent*	**16.15** Assassinats politiques : *Lord Mountbatten, lundi sanglant – Dag Hammarskjöld.*	**13.40** Corneil et Bernie X998	**15.45** Football : Championnat d'Europe de futsal. 1re finale. En direct.
	17.55 Chronique du mystère : *Fiction ou réalité*	**14.05** Titeuf	
	19.50 Pris dans la tempête	**14.35** Code Lyokô	**17.00** Saut à skis : Championnats du monde Qualificatiolns. HS100. En direct de Obersdorf (All.).
	20.15 Fous d'animaux 5	**15.00** Coups de génies	
		15.25 Kid Paddle	
		15.40 Cédric : *À pied ou en voiture – Copains, copines*	**18.30** Après ski
		16.05 Mirmo !	**18.45** Football : Championnat d'Europe de futsal – 2e 1/2 finale. En direct de Ostrava (Rép. tch.).
		16.30 Astro Boy	
		16.55 Mon ami Marsupilami	
		17.20 Jackie Chan	
		17.45 Yu-Gi-Oh !	**20.00** L'invité olympique est…

D'après *Le Parisien TV hebdo*, 13-19 février 2005

3 L'art du débat

Prendre la parole – et surtout la conserver – n'est pas chose facile ! Il faut certes de bons arguments, mais aussi et surtout le sens de la répartie.

a. Imaginez la suite du débat télévisé de TF1 de la page 118. Soyez incisif et utilisez des formules parmi celles qui suivent :

Ne m'interrompez pas !   Je vous présente…   Je passe la parole à …   C'est à vous…   Laissez-moi parler !

vocabulaire

Pour demander une opinion…
Qu'en pensez-vous ?
J'aimerais savoir ce que vous pensez de…
Quelle est votre opinion sur…
Quel est votre avis sur…
Quel est votre point de vue sur…

Pour donner ou exposer son opinion…
Il me semble que…
J'ai l'impression que…
À mon avis…
Selon moi…
D'après moi…

Critiquer
C'est absurde !
C'est sans intérêt !
C'est n'importe quoi !
(= sans logique ni intelligence)
Je ne comprends pas, je ne vois pas ce qu'il lui trouve

Reprocher
Vous avez tort de
+ infinitif

Exprimer son accord
Je n'ai rien contre !
Je ne m'y oppose pas.
Oui, c'est vrai.
Absolument !
Certainement !
Tout à fait. Exactement !
À qui le dites-vous ! (familier)
Je ne vous le fais pas dire ! (familier)
C'est exact !
C'est vrai que…
J'admets que…
Je reconnais que…
Vous avez raison de…
+ infinitif

Manifester son désaccord
Ce n'est pas vrai !
Absolument pas ! Pas du tout !
Ce n'est pas ce que j'ai lu, ce que j'ai entendu dire, ce qu'on m'a dit…
Vous plaisantez ! (familier)
Je ne suis pas d'accord avec vous !
Je ne partage pas votre opinion.
Vous avez tort de
+ infinitif
Je ne vois pas pourquoi
+ conditionnel présent

Dire du bien
Qu'avez-vous pensé de… ?
Comment avez-vous trouvé… ?
J'ai beaucoup aimé.
Ça m'a beaucoup plu.
C'est pas mal ! (familier)

Donner des conseils
Tu devrais… **+ infinitif**
Si j'étais toi,…
+ conditionnel présent
À ta place, …
+ conditionnel présent

b. À vous ! Débattez en classe des sujets suivants :
– Pour ou contre les reality-shows
– Chaînes généralistes vs. chaînes spécialisées
– Publicité vs. abonnement aux chaînes câblées

phonétique
Les sons /z/ et /ʒ/

1 Entraînez-vous

a. Opposition articulatoire. Écoutez et répétez en faisant les gestes enseignés par votre professeur (par deux).

b. Écoutez ces questions et répondez-y affirmativement.
Exemple : Tu joues ? → **Je joue.**
Tes enfants arrivent ? → **Ils arrivent.**

c. Virelangues.

2 À vous de jouer !

a. Écoutez et mettez une croix dans la bonne colonne.

	1.	2.	3.	4.	5.	6.	7.	8.	9.	10.
différent										
identique										

b. Chantez maintenant !

graphie

Relisez les dialogues de la page 118, repérez les différentes graphies possibles pour les sons /z/ et /ʒ/. Quelles sont les autres graphies possibles pour ces sons ? Puisez des exemples dans les mots que vous connaissez.

OUTILS — grammaire

1 Les relations logiques

a. Comprendre les relations logiques. Lisez et analysez les définitions suivantes.

Cause :
Ce qui produit un effet ; origine, principe.

Opposition :
Rapport entre deux faits contradictoires.

Conséquence :
Suite logique entraînée par un fait.

Concession :
Présentation d'un fait en contradiction avec un autre fait dont il n'empêche pas la réalisation.

b. Identifiez les relations logiques en gras en cochant la ou les bonnes colonnes.

	Cause	Conséquence	Opposition	Concession
1. **Bien qu'**il soit fatigué, il continue de travailler.				
2. Je pense, **donc** je suis.				
3. C'est une émission grand public, **au point de** réunir des familles entières devant la télé.				
4. Ce n'est pas grave **puisqu'**ils viennent nous voir demain.				
5. Je suis arrivé en retard **à cause des** embouteillages.				
6. Prends la voiture **puisque** c'est loin !				
7. Celle-ci n'est pas mal, **mais** celle-là est mieux.				
8. **Comme** la SNCF est en grève, je suis venu en taxi.				
9. Elle aurait **tout de même** pu te prévenir.				

2 La cause

a. Observez.

Puisque c'est comme ça, je vais lire.
Comme il fait de plus en plus mauvais, il leur est difficile de sortir.

b. Comparez les phrases et indiquez celle qui exprime la cause.

1. **a.** La publicité augmente sur les chaînes classiques. ☐
   b. Les abonnements à Canal Plus augmentent. ☐
2. **a.** Les gens se soucient de plus en plus des problèmes de société. ☐
   b. Les programmateurs multiplient les reality-shows. ☐
3. **a.** Augmentation des coûts de production en France. ☐
   b. Il y a de plus en plus de séries américaines. ☐
4. **a.** Il n'y a rien d'intéressant à la télé. ☐
   b. Allons au cinéma ! ☐

c. Reliez les phrases de l'exercice b. à l'aide d'un connecteur d'expression de la cause.

L'EXPRESSION DE LA CAUSE

• **AVEC UN VERBE**

– *parce que / car*
La cause est généralement introduite par *parce que*. Son équivalent *car*, qui correspond à un langage plus soutenu, **ne peut être placé en début de phrase**.
– *comme / étant donné que* introduisent **la cause en premier lieu**. On les place **en début de phrase**.
– *puisque* introduit une **cause connue et évidente**.
– *sous prétexte que* introduit une **cause contestable**.

• **AVEC UN NOM**
– *grâce à* introduit une **cause positive**.
– *à cause de* introduit une **cause négative ou neutre**.

3 La conséquence

a. Observez.

L'émission est devenue une référence… **tant et si bien** qu'elle a fini par dépasser les autres.

grammaire

b. Comparez les phrases et indiquez celle qui exprime la conséquence.

1. **a.** Tout est prévu avant un programme. ☐
   b. Il suffit donc de suivre le conducteur. ☐
2. **a.** Certaines personnes ont des difficultés auditives. ☐
   b. Des sous-titres sont proposés sur le télétexte. ☐
3. **a.** Les programmes finissent par tous se ressembler. ☐
   b. Les nouvelles idées sont rares. ☐

c. Reliez les phrases de l'exercice b. à l'aide d'un connecteur d'expression de la conséquence.

d. Choisissez le bon subordonnant, et indiquez s'il exprime la cause ou la conséquence :

	Cause	Conséquence
0. *Ils ne pourront pas aller skier* (à tel point que, **parce que**) *la route est fermée.*	✓	
1. *Milène a travaillé toute l'année* (si bien que, à cause de) *elle a raté ses examens.*		
2. *Operación Triunfo a connu un succès sans précédent en Espagne* (puisque, tant et si bien que) *les Français ont créé la Star Academy.*		
3. *Les journaux télévisés sont plus longs* (car, c'est pour ça que) *l'actualité est de plus en plus dense.*		
4. *(À cause de, puisque) vous n'en voulez plus, je prends le reste.*		
5. *J'ai manqué ma série préférée* (puisque, à cause de) *interférences.*		

L'EXPRESSION DE LA CONSÉQUENCE

• *donc / c'est pourquoi*
La conséquence est **généralement introduite** par *donc* ou *c'est pourquoi*.
• *c'est la raison pour laquelle* est réservé à l'écrit et au **langage** plus **soutenu**.
• *alors / c'est pour ça que* sont très utilisés dans le **langage courant**.
• *si bien que / à tel point que / tant et si bien que / au point de / de sorte que*.

4 L'opposition et la concession

a. Observez.
Cette émission est très regardée par le public. **En revanche**, elle suscite beaucoup de polémiques… (opposition)
Les deux animateurs, **pourtant** novices, arrivent à créer un rythme soutenu. (concession)

b. Reliez les phrases suivantes en établissant un rapport de concession ou d'opposition et en effectuant les transformations nécessaires.

1. Ce programme reste médiocre. Ils font pas mal d'efforts pour l'améliorer.
2. Il s'est mis au travail. Il est fatigué.
3. Lucie reste mince. Elle mange beaucoup.
4. Anne-Cécile est ouverte. Ségolène est réservée.
5. Il lui faut encore attendre un mois pour les résultats du concours. Il est impatient.

c. Identifiez les rapports logiques contenus dans cet extrait littéraire :

« Quoique vous soyez belle, et que vos talents ajoutent à votre beauté ; quoiqu'on vous loue du matin au soir, et que par toutes ces raisons vous soyez en droit de n'avoir pas le sens commun, cependant vous avez l'esprit très sage et le goût très fin. »
Voltaire

L'EXPRESSION DE L'OPPOSITION

• *mais*. L'opposition est **généralement introduite** par *mais*.
• *par contre / en revanche* renforcent l'idée d'opposition. *Par contre* est réservé au langage courant et à l'oral, et *en revanche*, au **langage** plus **soutenu**, et à l'écrit.
• *alors que / tandis que* expriment la **simultanéité** des deux éléments opposés.
• *sans pour autant* exprime une opposition par rapport à une conséquence logique attendue.

L'EXPRESSION DE LA CONCESSION

• *pourtant / or / cependant / toutefois*. Ces termes permettent de **nuancer le degré de concession** en fonction du contexte.
• *même si / malgré* (+ nom) / *bien que* (+ subjonctif) / *quoique* (+ subjonctif) s'utilisent pour exprimer un **contraste**.
• *quand même / tout de même* sont réservés au **langage** plus **courant**.

123 /cent vingt-trois / UNITÉ 10 / Télévision

Situations

📖 LIRE ET PARLER

LA TÉLÉVISION NUMÉRIQUE TERRESTRE (TNT) :
un nouveau mode de diffusion de programmes de télévision

La télévision numérique terrestre (TNT), lancée le 31 mars 2005, a vocation à s'adresser principalement aux deux tiers des Français qui dépendent de la diffusion hertzienne pour la réception de la télévision. En effet, ceux-ci n'ont accès en analogique, grâce à l'antenne « râteau », qu'à un maximum de six chaînes nationales.

La TNT permet à ces foyers d'accéder à une offre numérique avec les bénéfices qui y sont attachés : davantage de programmes et une meilleure qualité d'image et de son. Elle est donc pour ceux-ci la promesse d'un paysage audiovisuel renouvelé et enrichi.

Pour la première fois depuis 1986, la TNT permet l'apparition de nouvelles chaînes gratuites : avec au moins 14 chaînes gratuites, l'offre gratuite sera multipliée par près de trois.

La TNT est une technologie qui a vocation à être déployée à grande échelle. En effet, dans la plupart des cas, un adaptateur suffira pour accéder à l'offre gratuite à l'aide de la classique antenne « râteau ». Ces adaptateurs seront disponibles à un prix modique, à partir de 80 euros, grâce notamment à l'utilisation de la norme de compression MPEG-2, que le Premier ministre a confirmée le 8 novembre dernier pour les chaînes en clair.

Ultérieurement, la TNT proposera également, en complément, une offre payante d'une quinzaine de chaînes. Elle permettra, en outre, de diffuser des chaînes gratuites et payantes en haute définition.

La télévision numérique terrestre s'inscrit dans le mouvement général de numérisation des technologies de l'information et de la communication. Elle vient compléter l'offre numérique offerte par le satellite, le câble et maintenant l'ADSL. À terme, la TNT a vocation à se substituer à la diffusion analogique. Cette dernière devra alors pouvoir être arrêtée, ce qui libérera d'importantes ressources en fréquences pour de nouveaux services ou de nouveaux usages.

http://www.ddm.gouv.fr - Dernière mise à jour le 10/05/2005

1. a. Dites si les affirmations suivantes sont vraies ou fausses, et rectifiez si nécessaire.

	V	F
a. La TNT requiert une installation spécifique coûteuse.	☐	☐
b. De nouvelles chaînes vont s'ajouter au PAF actuel.	☐	☐
c. La TNT est encore en projet.	☐	☐
d. La TNT implique d'avoir une ligne téléphonique ADSL.	☐	☐

b. Parlez.
- La TNT existe-t-elle dans votre pays ?
- À votre avis, l'audience des chaînes généralistes va-t-elle diminuer ?
- Le marché publicitaire ayant ses limites, comment les nouvelles chaînes vont-elle survivre ?

✏️ ÉCRIRE

2. Rédigez le mode d'emploi de l'un des appareils illustrés.

téléviseur – télécommande – bouton – écran – cassette – DVD – VHS
lecteur – reproducteur – enregistrement – programme

allumer – éteindre –
changer de chaîne
augmenter/diminuer le volume
insérer – introduire – appuyer
connecter – relier – brancher
ajuster – régler

ÉCOUTER

3. Écoutez l'annonce radiophonique des programmes télé et remplissez, dans la mesure du possible, la grille du *prime time* pour ce soir :

Horaire	TF1	France 2	France 3	Canal +	Arte	M6
20h-21h	J.T.	J.T.				
21h-22h30						
22h30-0h						

PARLER

4. Saturé des chaînes hertziennes ? Alors pourquoi ne pas s'abonner à une plateforme numérique ?
Par groupe de deux, simulez un appel de demande d'informations sur les conditions d'abonnement à CanalSat.
Vous pouvez préparer votre conversation en vous rendant sur le site Web http://www.canalsat.fr

s'abonner – un abonnement – un récepteur – un décodeur numérique un bouquet de chaînes – les options – les services interactifs – une antenne parabolique – une installation…

LIRE ET ÉCOUTER

5. Lisez ces opinions sur la télé, puis écoutez le micro-trottoir. Classez ensuite les différentes opinions et établissez des relations logiques (cause, conséquence, opposition, concession).

Pourrait-on vivre sans la télévision ?

a) Je conviens que trop de gens ne font rien mais regardent la télévision, et ce n'est pas une bonne chose. Cependant, je ne pense pas que nous pourrions vivre sans le petit écran. C'est utile : nous pouvons observer les nouvelles, les enfants peuvent apprendre beaucoup de choses, et elles peuvent également nous amuser.
Oui, nous pouvons employer l'Internet mais nous devons rechercher l'information et il y a beaucoup de déchets. Les émissions télévisées vous donnent habituellement ce que vous voulez.

b) On pourrait très bien vivre sans télé si personne ne nous l'avait imposée !!!

c) Oui, je pense qu'on peut se passer de télé !
D'ailleurs, ça fait du bien parfois, du silence !
Puis il y a d'autres choses à faire !
L'idéal est de regarder la télévision quand on a quelque chose de précis à voir.
Ça évite de perdre du temps !

d) Je suis pour la télé, parce que c'est le mieux pour développer la connaissance du monde. Il y a beaucoup de programmes intéressants comme le journal, les reportages, etc.

e) *Comment les hommes préhistoriques ont-ils fait ? […]*
FRÉDÉRIC, 10 ans

f) Je trouve que certaines personnes ont une idée toute faite de la télé. […]
Je ne trouve pas que la télé rende inculte, au contraire. Il faut seulement regarder les bons programmes. Il est vrai que si elle est mal utilisée, elle peut rendre complètement abruti. En tout cas il faut trouver d'autres occupations, et d'autres moyens de s'informer (je dis bien, en plus de la télé) parce que les gens commencent à ne penser qu'à travers la télé.
Par contre, je pense que l'on pourrait facilement vivre sans elle, ça ouvre plus l'esprit de lire des bouquins que de rester passif devant cette boîte qui, il faut l'avouer, a une grande majorité de programmes débiles.

Documents

Semaine de la presse dans l'École

Vie pratique

Participer aux enregistrements des émissions

De nombreuses émissions à la radio et à la télévision s'enregistrent en public. Le public y joue un rôle, il est souvent mené par un « entraîneur » qui demande de rire, d'applaudir ou de huer au bon moment… Le public n'est plus seulement un élément du décor de l'émission, le concept se professionnalise puisqu'il existe des castings spécialisés pour ça. Pour beaucoup de gens, c'est une occasion de « passer à la télé » ou de connaître les coulisses de ce qu'ils regardent tous les jours.

Le site castprod.com vous permet de vous inscrire pour les castings de toutes les émissions enregistrées en public, il regroupe les émissions de toutes les chaînes les plus importantes. Voici l'annonce du site :

> Vous souhaitez participer à l'enregistrement d'une émission de télévision, assister à une émission de tv télévision sur tf1 / france 2 / france 3 / canal plus + / france 5 / m6 / direct 8 / arte / la cinquième, etc…
> Attention : Les enregistrements d'émissions de télévision se font exclusivement à Paris ou en proche périphérie, ne pas vous abonner si vous ne pouvez pas vous déplacer sur Paris et alentours. Cette prestation n'est pas rémunérée !
> Pour recevoir des invitations gratuites pour faire partie du public d'une émission :
> Il suffit pour cela d'inscrire votre e-mail ci-dessous et de cliquer sur « envoyer », vous recevrez par e-mail toutes nos dates d'enregistrement d'émission de télévision auxquelles vous pourrez participer.

Le site de France Inter vous permet également de connaître toutes les émissions pour lesquelles on peut participer à l'enregistrement, à la radio. La formule a moins de succès puisqu'on ne voit pas les gens et qu'on a peu de chance de les entendre, ou de reconnaître leur voix.

Vrai ou Faux ? V F

a. Lors des enregistrements, le public est libre de réagir comme il veut. ☐ ☐
b. Les gens qui participent aux émissions en public sont la plupart du temps sélectionnés, choisis selon leur profil. ☐ ☐
c. Les gens participent gratuitement aux enregistrements. ☐ ☐
d. Chaque chaîne a son service de casting pour les émissions. ☐ ☐
e. Les gens aiment aussi participer aux enregistrements parce qu'ils ont envie qu'on les voie à la télévision. ☐ ☐

L'œil du sociologue

Les jeunes et la presse

Avez-vous l'impression que la plupart des jeunes s'informent avant tout…
Par la télévision :	68 %
Par Internet :	17 %
Par la radio :	13 %
Par la presse écrite :	1 %
Sans opinion (SO) :	1 %

De manière générale, trouvez-vous que les journaux sont :
Plutôt simples à lire :	78 %
Plutôt difficiles à lire :	21 %
Sans avis (SA) :	1%

Pensez-vous que lire régulièrement un journal est nécessaire pour…
Comprendre en profondeur ce qui se passe :	74 %
Suivre l'actualité :	71 %
Développer son esprit critique :	69 %
Se faire une opinion :	64 %

Selon vous, lire régulièrement un journal, cela favorise…
Le fait de s'engager dans une association :	52 %
Le fait d'aller voter :	51 %
Le fait de s'engager dans un parti politique :	41 %

Lire la presse, ça s'apprend :	61 %
On n'a besoin de personne pour savoir lire la presse :	49 %
Favorables à l'introduction de la presse dans les programmes scolaires :	84 %
Aurait aimé participer à l'élaboration d'un journal :	61 %

Sondage BVA pour le Clemi, février 2004

Comment répondriez-vous à ces questions ?

a. Pensez-vous que les jeunes de votre pays répondraient sensiblement de la même manière que ces jeunes Français interrogés ?

b. Y a-t-il une sensibilisation à la lecture des médias dans votre système scolaire ?

Le journal à plusieurs voix

hugomaturin@marseille.yahu.fr : J'ai décidé de ne plus regarder la télé. J'en ai assez de ces programmes débiles. Moi qui ne lisais pas, je viens de terminer mon troisième roman de la semaine. À propos, est-ce que ma télé intéresse quelqu'un ?

lucielepavec@paris.fraa.fr : Merci, j'en ai déjà deux.

hugomaturin@marseille.yahu.fr : Deux, mais pour quoi faire ? On la regarde déjà trop !

lucielepavec@paris.fraa.fr : Je ne vous comprends pas. Vous refusez toutes les émissions en bloc, sous prétexte que certaines sont mauvaises...

vincentletellier@paris.fraa.fr : Et à quelle heure passent les bonnes ? 11 heures du soir, c'est bon pour ceux qui ne font rien. Moi, je travaille le lendemain...

jeannekeller@strasbourg.wanado.fr : Et le magnétoscope alors, c'est fait pour qui ? En fait, la qualité des programmes n'est qu'un prétexte. Au fond, les émissions sérieuses, ça vous ennuie, avouez-le !

lucielepavec@paris.fraa.fr : Moi j'avoue qu'une bonne série TV après une journée de travail, ça fait du bien... J'en regarde même deux fois par semaine.

Entrez sur le forum pour essayer de convaincre les participants de regarder des programmes qui vous intéressent.

Le coin des livres

Acide sulfurique, Amélie Nothomb

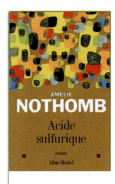

Les organisateurs planchèrent encore avant de se réunir en table ronde. On but des litres de café, on fuma.
— Le seul défaut de « Concentration », c'est que ce n'est absolument pas interactif, remarqua l'un d'eux.
— L'interactivité : ils n'ont que ce mot à la bouche depuis vingt ans.
— Et pour cause : le public adore participer. Il adore qu'on lui demande son avis.
— Comment rendre notre émission interactive ?
Il y eut un silence.
— C'est évident ! s'exclama quelqu'un. C'est au public de faire le travail des kapos ! [...]
— L'émission est sauvée, décréta le chef du symposium, mettant ainsi fin à la réunion.
Les nouveaux principes furent expliqués au public de manière à être compris même du dernier des crétins. Un présentateur souriant annonça avec enthousiasme que « Concentration » devenait *son* émission.
— C'est vous, désormais, qui sélectionnerez les prisonniers. C'est vous qui choisirez ceux qui restent et ceux qui partent.
L'usage du mot « mort » était soigneusement évité.
On vit ensuite apparaître une télécommande qui remplissait l'écran entier. On indiquait en rouge celles des touches qu'il fallait employer pour accéder au télétexte de « Concentration ». C'était très facile, mais comme on redoutait que certains n'y parviennent pas, on réexpliqua :
« Il serait trop dommage de perdre vos voix pour un simple problème technique », dit le présentateur.
— Nous tenons à vous préciser que l'accès au télétexte de « Concentration » est gratuit, conformément au principe démocratique de notre émission, conclut-il avec un air gracieux.
Les médias hurlèrent encore plus fort qu'ils ne l'avaient fait pour la naissance de l'émission : DERNIÈRE TROUVAILLE DE « CONCENTRATION » : LES KAPOS, C'EST NOUS ! titra le principal quotidien. NOUS SOMMES TOUS DES BOURREAUX. POUR QUI NOUS PREND-ON ? lisait-on partout.
Un éditorialiste se fit plus vibrant que jamais : « J'en appelle à l'honneur de l'humanité, écrivait-il. Certes, elle est déjà tombée très bas en assurant un tel succès à l'émission la plus écœurante de l'Histoire. Mais face à tant d'abjection, j'attends de vous, de nous, le sursaut de l'honneur : que personne ne vote. J'appelle au boycott, sinon du spectacle, au moins de la participation à cette infamie ! »

© ÉDITIONS ALBIN MICHEL, 2005.

> **L'AUTEUR**
> Amélie Nothomb est née au Japon mais est d'origine belge. En 1992, son roman *Hygiène de l'assassin* est accueilli avec un énorme succès. En 1999, *Stupeur et tremblements* est couronné Grand Prix de l'Académie française. Depuis, elle publie à peu près un roman par an.

> **LE LIVRE**
> Ce livre imagine « Concentration » : la dernière-née des émissions télévisées. On enlève des gens, on recrute des gardes, on filme !

Comment le texte présente-t-il le monde des médias ?

11 UNITÉ Créer

oral

Au Salon des Inventeurs

— Elle a une drôle de forme, votre bouteille d'eau !
— C'est aussi un instrument de gymnastique.
— Comment ça ?
— Elle est conçue pour que vous puissiez la tenir par le centre. Comme ça, vous faites un exercice, et aussitôt que vous avez fini, vous buvez…

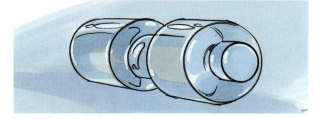

— C'est un médicament ?
— Pas du tout, madame, c'est un complément alimentaire.
— C'est chimique ?
— Absolument pas. C'est fait à base de plantes.
— Et ça sert à quoi ?
— Ça dépend. Pour mieux dormir, vous prenez celui-ci.
— Quand ?
— Deux heures avant d'aller vous coucher. Cette tisane, elle permet d'améliorer l'état de la peau…
— En combien de temps ?
— Pour que ce soit efficace, il faut en prendre pendant trois mois et la commencer au moment du solstice d'été. Pour la préparer, laissez-la infuser une semaine, afin qu'elle ait du goût.

— Qu'est-ce que c'est que ça ?
— C'est une robe transformable…
— C'est-à-dire ?
— Si vous la portez à la taille, c'est une jupe. Si vous la nouez autour du cou, ça devient une robe…

> **L'expression du temps :**
> **Aussitôt que** vous avez fini, vous buvez… Il faut la commencer **au moment du** solstice d'été.

— **Quand ?**
— Deux heures **avant d'aller** vous coucher.

Après avoir étudié à l'École nationale d'Art décoratif à Limoges, j'ai terminé ma formation.

écrit

Se faire une place…

Bureaux artistes
Pour favoriser, encourager les talents, la création, l'idée, l'audace, le courage, nous centralisons vos annonces sur notre site :
http://jeunetalents.net/visto

Cherche une galerie
Je recherche une galerie pour exposer ma peinture. Après avoir étudié à l'École nationale d'Art décoratif à Limoges, j'ai terminé ma formation artistique à Lublin en Pologne (diplôme de peinture). Je peux vous envoyer des photos de mon travail par Internet.

Si vous êtes intéressé, écrivez-moi.
Contact : nicolasturnowski@lublin.hitmail.fr

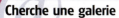

Cherche partenaires
Afin que « L'Entredeux » ne soit plus un rêve mais bien une BD accomplie dont le story board est actuellement achevé, je recherche des partenaires (éditeurs bienvenus !) pour m'aider à financer une partie de ce projet original qui porte le nom de « L'Entredeux »…
Contact : qristo
Tous les détails sur mon site :
http://home.word.net/qristo

Cherche contrat
Je suis un peintre qui recherche des contrats pour faire des portraits et des décors. Quel que soit votre projet, je peux vous faire des propositions artistiques.
Après une longue pratique de la peinture en amateur, je viens de terminer un cursus de perfectionnement dans une école d'arts plastiques. Je maîtrise parfaitement les techniques de la BD et le dessin satirique, et j'ai déjà obtenu des prix dans des concours d'expositions où j'exposais des œuvres figuratives. J'ai aussi participé à l'élaboration de décors pour des commerces et des plateaux scéniques pour la télévision et le théâtre. N'hésitez pas à me contacter pour de plus amples renseignements.
Contact : abdelkebir@paris.fraa.fr

activités

1. Relevez les expressions de temps.

2. Relevez les activités de ces jeunes talents.

3. Décrivez plus en détail « la robe transformable ».

> **L'expression du but :**
> **Pour que ce soit** efficace.
> **Pour** mieux **dormir**, vous prenez celui-ci.
> **Afin que** L'Entredeux ne soit plus un rêve mais bien une BD accomplie…

OUTILS

vocabulaire

1. Les matériaux

papier – carton – bois – métal – pierre – verre – porcelaine – cuir – tissu – plastique

a. Associez les matériaux aux objets (suite).

1 un sac

2 des ceintures

3 un vêtement

4 un verre

5 un meuble

6 une lampe

7 une boîte

8 un cendrier

9 un jouet

10 une tasse

b. Vous mettez en vente sur Internet les objets suivants. Décrivez-les.

1

2

3

4

2. L'artisanat d'art

Quelles sont ces professions ?

1

2

3

4

vocabulaire

3 Les arts

Que font-ils ?

danser – peindre – jouer d'un instrument – filmer – jongler – photographier – jouer la comédie – dessiner – sculpter

a. Répondez à la question.

b. Associez le nom, le verbe et la personne.

a. écrire	1. le jonglage	A. le sculpteur
b. filmer	2. la photographie	B. l'écrivain
c. danser	3. le film	C. le jongleur
d. photographier	4. la sculpture	D. le danseur
e. dessiner	5. l'écriture	E. le cinéaste
f. sculpter	6. la peinture	F. le dessinateur
g. jongler	7. la danse	G. le peintre
h. peindre	8. le dessin	H. le photographe

c. Devinez.

1. Il lui faut une scène et des spectateurs. C'est ……
2. Il lui faut une scène, des instruments de musique et des spectateurs. C'est ……
3. Il lui faut une grande salle, un grand écran et des spectateurs. C'est ……
4. Il lui faut du papier, un crayon noir, des crayons de couleurs ou des feutres. C'est ……

d. À vous, inventez une devinette pour un art.

phonétique

Les sons /j/ et /ʒ/

Entraînez-vous

a. Opposition articulatoire. Écoutez, répétez en faisant les gestes enseignés par votre professeur (par deux).

b. Opposition articulatoire dans le même mot. Écoutez et répétez.

c. Répondez négativement à ces questions : d'abord à la première personne, puis en employant une forme impersonnelle et un registre familier.
Exemple : Tu as quelque chose à dire ?
→ 1. Je n'ai rien à dire ! –
   2. Y'a rien à dire !

d. Virelangues.

graphie

Dans les dialogues de la page 128, repérez les différentes graphies possibles des sons /j/ et /ʒ/.

Attention !
· Au milieu d'un mot : « y » ne se prononce pas [j] mais il équivaut à deux « i ».
Exemples : voyage = « voi-iage »
joyeux = « joi-ieux »
essuyage = « essui-iage »
· À l'initiale d'un mot, en revanche, « y » se prononce [j].
Exemples : yaourt – yole – yoga…

OUTILS grammaire

1. L'expression du temps

a. Observez les exemples dans le tableau suivant.

L'ANTÉRIORITÉ	LA SIMULTANÉITÉ	LA POSTÉRITÉ
Avant de + infinitif **Avant d'acheter** une peinture, j'aimerais réfléchir. *Avant* + nom Le Salon sera à Paris **avant** cet été. *Avant que* + subjonctif Il exposera au Salon des inventeurs **avant qu'il soit** trop tard.	*Lorsque* + indicatif *Aussitôt que* + indicatif *Dès que* + indicatif *Quand* + indicatif *Au moment où* + indicatif **Quand / aussitôt que / dès que / lorsque / au moment où** l'orage **a éclaté**, il est rentré chez lui. *Au moment de* + infinitif Il a téléphoné **au moment de partir**. *Au moment de* + nom Il faut la commencer **au moment du solstice** d'été.	*Après* + infinitif passé **Après avoir étudié** à l'École nationale d'Art décoratif à Limoges, j'ai terminé ma formation. *Après* + nom **Après une longue pratique** de la peinture, je viens de terminer mon cursus.

b. *avant de* + infinitif présent, *après* + infinitif passé.
Complétez le texte avec les verbes suivants et conjuguez-les à l'infinitif présent ou passé :

se remettre – fermer – aller – lire – descendre – ouvrir

> **FORMATION DE L'INFINITIF PASSÉ**
> *être* ou *avoir* à l'infinitif présent + participe passé

Aujourd'hui, après .... au Salon des inventeurs, je suis rentré chez moi. En arrivant dans mon immeuble, avant de .... ma porte, j'ai vu sortir ma voisine. Après .... sa porte, elle m'a dit « bonjour » juste avant de .... les escaliers en courant. J'ai donc pensé qu'elle était pressée. Le lendemain, après .... le journal, j'ai appris qu'elle était recherchée par la police pour le vol d'une robe « transformable » au Salon des inventeurs ; j'ai été stupéfait, il m'a fallu un moment avant de ....

c. Conjuguez les verbes entre parenthèses à la forme qui convient.

Lorsque la voisine *(sonner)* à ma porte, j'étais dans la salle de bains, je faisais ma toilette. **Au moment de** *(ouvrir)* la porte, j'ai vu que j'avais oublié de m'habiller. Je suis allé rapidement dans ma chambre, puis j'ai ouvert la porte, seulement **après** *(s'habiller)*, bien sûr. La voisine m'a dit que mon chat était dans les escaliers et que je devais aller le chercher **avant qu'**il *(sortir)* dans la rue.

d. À chaque époque son invention.
Que faisait-on avant, que fait-on au moment de… et que fera t-on après la création des ces objets ?

1

2

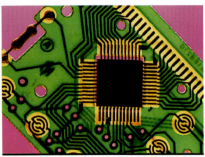
3

grammaire

2 Le but

a. Observez.

Pour que cette tisane **soit** efficace, il faut en prendre pendant trois mois.
Pour la **préparer**, laissez-la infuser une semaine, **afin qu'elle ait** du goût.

> *Afin que* + subjonctif   *Afin de** + infinitif
> *Pour que* + subjonctif   *Pour** + infinitif
>
> *Rappel :
> On emploie *afin de* ou *pour* lorsque le sujet de la principale et celui de la complétive sont les mêmes.

b. Trouvez les fonctions de ces objets.

Exemple : Ces lunettes ont été conçues
pour / afin de } faire du vélo sous la pluie.
pour que / afin que } vous **puissiez faire** du vélo sous la pluie.

1 le chapeau

2 la baignoire

3 l'éolienne

4 les patins à roulettes

3 Le futur (rappel)

Décrivez ces objets futuristes.

Aujourd'hui

1

Demain

2

Aujourd'hui

3

Demain

4

Conjugaison du futur

	verbes réguliers	verbes irréguliers
je/j'	parler**ai**	concevr**ai** *(concevoir)*
tu	partir**as**	verr**as** *(voir)*
il/elle/on	négocier**a**	ser**a** *(être)*
nous	exploiter**ons**	aur**ons** *(avoir)*
vous	créer**ez**	pourr**ez** *(pouvoir)*
ils/elles	prendr**ont**	ir**ont** *(aller)*

situations

 PARLER

1. Téléphonez à Karim et proposez-lui votre projet.
Parlez moi de vous !
J'anime l'émission « Idée de ciné » le lundi de 22 h 30 à minuit sur idfm 98.0 FM et je recherche des personnes porteuses de projets dans le domaine du cinéma pour en parler à l'antenne.
Merci
Contact : Karim

2. Cet objet sera en service en 2050. Imaginez son usage.

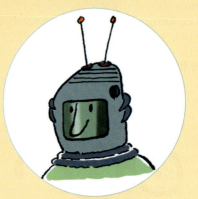

PARLER et ÉCRIRE

3. Vous participez au concours organisé par le Salon des inventeurs, vous inventez un objet. Rédigez la notice de présentation et le mode d'emploi puis présentez votre invention.
Faites le dessin ou le plan de l'objet.

 LIRE et ÉCRIRE

4. Lisez cet appel d'offre et envoyez votre lettre de motivation pour obtenir un atelier à la Cité internationale des Arts à Paris.

Résidence à la Cité internationale des Arts à Paris, au Marais ou à Montmartre… chaque année, du 15 février au 15 septembre.
La Cité internationale des Arts est une fondation reconnue d'utilité publique, qui accueille des artistes : peintres, sculpteurs, musiciens, photographes et vidéastes du monde entier, dans ses ateliers à Paris.

Conditions générales : Les séjours sont limités dans le temps (de deux à douze mois) et ne sont pas gratuits. Vous devez faire une demande écrite. Les candidatures doivent être présentées par le pays ou l'institution ; les candidatures directes le seront par le candidat lui-même.

Conditions particulières pour les candidatures directes : Vous devez déposer ou envoyer votre dossier à la Cité internationale des Arts et une lettre de candidature précisant les raisons pour lesquelles vous souhaitez disposer d'un des ateliers de la Cité internationale des Arts, les activités auxquelles vous pensez vous livrer pendant votre séjour, le temps pendant lequel vous souhaitez résider à la Cité internationale des Arts plus un curriculum-vitae détaillé (état-civil, études, activités artistiques, etc.) plus minimum un ouvrage publié en France et en français.

Contact : Cité internationale des Arts,
18 rue de l'Hôtel-de-Ville 75180
Paris Cedex 04

5. Lisez ces articles sur les inventions des années 2000 et répondez aux questions.

MÉDECINE : un cœur artificiel, modèle réduit

Un nouveau type de pompe cardiaque artificielle, de la taille d'un pouce est mis au point au Texas. C'est le Jarvik 2000. […]
On l'a implanté sur une Américaine souffrant d'un cœur anormalement volumineux […] Le nouveau système ne remplace pas un cœur, mais se propose de l'assister, il est implanté dans le cœur d'où il pompe le sang jusque dans la principale artère, l'aorte.

EXPLORATION SPATIALE : le robot-boule

Des ingénieurs du Centre de recherche Ames en Californie ont inventé un robot intelligent, de la forme d'une petite boule et destiné à remplir des missions spatiales. Utilisé en apesanteur, il tournera en permanence autour de son utilisateur. Il fera office d'yeux et d'oreilles pour l'équipage spatial et le personnel resté à terre. […] Ce robot abrite des capteurs ultra sophistiqués qui vont gérer les conditions de vie à bord comme le niveau d'oxygène présent dans l'air, un ordinateur qui analyse des données, une caméra, un système de communication indépendant reliant les astronautes à la Terre et un système de propulsion intégré. (…)

COMMUNICATION : Bluetooth connecte le monde entier

Une radiotechnologie révolutionnaire Bluetooth permet à différents systèmes électroniques, tels qu'ordinateurs, téléphones mobiles et lecteurs de CD, de communiquer et d'échanger des données sans passer par l'intermédiaire de câbles. Les dialogues de Bluetooth sont limités à une portée de 10 mètres.

Lorsque les appareils […] entrent dans le rayon d'action les uns des autres, ils instaurent un échange électronique pour vérifier s'ils ont des données à partager. Inutile d'appuyer sur un bouton : la communication s'établit automatiquement. Le système radio situé aux alentours de 2,45 gigahertz, la même que l'on utilise pour les interphones de surveillance pour bébé. […]

Journal des inventions et découvertes de 1900 à nos jours, © Larousse, 2002.

a. Imaginez ces inventions, décrivez-les : forme, taille, matière, couleurs etc…

b. Complétez le tableau.

	Domaine	Lieu de sa création	Usage	Fonctionnement
Jarvick				
Robot-boule				
Bluetooth				

c. À votre avis, quelles perspectives pour ces inventions dans l'avenir ?

ÉCOUTER

6. Écoutez l'émission de télévision « Incroyable mais vrai » et dessinez les inventions décrites.

Objet 1

Objet 2

Objet 3
Position 1   Position 2

135 /cent trente-cinq / UNITÉ 11 / Créer

Documents

Vie pratique

Vous et votre œuvre

Pour les écrivains en herbe, deux priorités :
protéger son manuscrit (c'est assez facile),
le faire éditer (c'est le parcours du combattant).

Le plagiat est le pire ennemi de l'auteur. Pour s'en protéger, deux solutions :
– Envoi en recommandé : envoyez-vous à vous-même, en recommandé, un exemplaire du manuscrit, sans en ouvrir l'enveloppe. Au moindre « vol d'idée », rendez-vous chez un notaire avec votre enveloppe et l'accusé de réception.
– Déposez votre manuscrit à la Société des gens de lettres[1] qui en garantira l'authenticité en cas de problème. Pour 50 euros à peu près, votre œuvre sera à l'abri pendant 4 ans.

Une chance sur mille de se faire éditer du premier coup…
Tous les éditeurs sont à contacter, sans distinction. Les prestigieux, bien sûr ! Mais aussi les plus petits, plus accessibles. Évidemment, il faut prendre la peine de se renseigner sur les spécialités de chacun (poème, roman policier…). Dans tous les cas, l'éditeur ne répond pas avant un à six mois, inutile donc de s'impatienter. Côté formalités, vous signez un contrat à compte d'éditeur avec votre éditeur. Il prend toutes les démarches en charge, de la couverture aux ventes.

Les nombreux concours[2] sont également un bon moyen de se faire connaître, il existe 1950 distinctions littéraires francophones, dont les trois quarts sont décernées dans l'Hexagone. Les web éditeurs mettent en général un extrait (10%) en ligne gratuitement et en gèrent la vente ensuite[3].

D'après *Phosphore*, Guide pratique des 15/25 ans, hors série n°48 (2003-2004).

---
1. Hôtel de Massa, 38 rue du Fg St Jacques, 75014 Paris.
2. Lire le *Guide Lire* des concours.
3. www.manuscrit.com / www.oohoo.com

Vrai ou Faux ?   V   F

a. Il est délicat et très onéreux de faire protéger son manuscrit. ☐ ☐
b. Il vaut mieux contacter directement les éditeurs très connus. ☐ ☐
c. Il faut cibler l'éditeur selon la nature de son manuscrit. ☐ ☐
d. Les rares concours littéraires ne laissent aucune chance aux jeunes auteurs. ☐ ☐
e. Les éditeurs répondent vite et souvent favorablement. ☐ ☐

L'œil du sociologue

Les pratiques culturelles des Français

En 2000, quatre personnes sur cinq déclaraient avoir pratiqué au cours de l'année au moins une activité culturelle telle que : lecture, cinéma, théâtre ou concert, visite de musées, expositions ou monuments historiques, pratiques artistiques en amateur. Les jeunes, les habitants des grandes agglomérations, les cadres et les diplômés du supérieur sont les plus gros consommateurs de loisirs culturels. L'intérêt pour la culture naît souvent dès l'enfance. Les activités culturelles enfantines, même si elles ne parviennent pas à annuler totalement les écarts liés au milieu social d'origine, les atténuent. Enfin, au fil des générations, de plus en plus de jeunes accèdent à la culture et plus particulièrement les filles.

SONDAGE SUR DES PERSONNES DE 15 ANS OU PLUS	
Lecture de livres	58 %
Cinéma	50 %
Musée, exposition, monument historique	45 %
Théâtre, concert	29 %
Pratiques amateur	14 %
Aucune des activités culturelles	21 %
4 ou 5 des activités culturelles	19 %

D'après l'Insee : « Le rôle des habitudes prises dans l'enfance », février 2003 (Chloé Tavan, division Conditions de vie des ménages).

a. *Les pratiques culturelles sont-elles comparables dans votre pays ?*
b. *Pensez-vous que les pratiques culturelles sont une habitude d'éducation comme le présente le rapport de l'Insee ?*

Le journal à plusieurs voix

hugomaturin@marseille.yahu.fr : J'ai peint trois tableaux ce mois-ci, mais je ne suis pas sûr que ce soit de l'art.

lucielepavec@paris.fraa.fr : Ça veut dire quoi, « de l'art ». L'essentiel, c'est que tu t'épanouisses en peignant, non ? La création c'est gratuit !

segolenemorvan@nice.hitmail.fr : Non, je ne suis pas d'accord. Si on crée, ce n'est pas seulement pour s'exprimer, c'est pour parler aux autres, pour communiquer.

clotildepasteur@rouen.fraa.fr : Oui, mais pour communiquer, il faut avoir quelque chose à dire. Et ça, c'est en toi.

vincentletellier@paris.fraa.fr : Je vous trouve un peu trop philosophes aujourd'hui. On crée aussi pour gagner de l'argent, vous avez l'air d'oublier.

lucielepavec@paris.fraa.fr : Non, non. On ne peut pas confondre le commerce et la création.

vincentletellier@paris.fraa.fr : Et avec quoi ils vivent, les artistes ? Il faut qu'ils vivent dans la misère, pour être authentiques. Ah ! oui, je vois, le mythe de l'artiste maudit…

hugomaturin@marseille.yahu.fr : L'argent, toujours l'argent…

Entrez sur le forum pour participer au débat. Exposez votre point de vue : qu'est-ce que l'art ? L'art a-t-il une finalité commerciale ?

Le coin des livres

Dernières Nouvelles des oiseaux, *Érik Orsenna*

Victoria avait rapproché les tables. Et, sur cette sorte d'estrade, elle avait rassemblé tous les moteurs qu'elle avait pu démonter.
— Pour ceux qui n'y connaissent rien en mécanique, je vais vous les présenter : celui-ci, c'est le moteur de la machine à laver ; celui-là, je l'ai retiré du congélateur ; cet autre, si petit, actionnait le ventilateur ; à sa droite, un reste de hors-bord, pas si rouillé…

Et ainsi de suite. Elle en avait rassemblé une bonne quinzaine.
— Il manque les deux plus lourds. Le moteur de la Land Rover, là-bas, dans la cour. Et le squelette de tracteur, près de la jetée, recouvert de ronces. J'ai découvert quelques pièces qui devraient pouvoir me servir. Alors, qu'est-ce que vous en dites ? Si avec tous ces moteurs je n'arrive pas à construire un moteur, **notre moteur**, c'est que je ne m'appelle pas Victoria !

Elle rayonnait de fierté et de certitude. Entre les moteurs passaient et repassaient des chats, une bonne dizaine de chats. Ils se frottaient le dos contre les blocs d'acier. Ils ronronnaient de bonheur. Depuis quand les chats, en tout cas les chats de l'île, se passionnaient-ils pour la mécanique ? Mystère.
— Et maintenant, reprit Victoria, donnez-moi chacun votre montre.
— Notre… montre ?
— **Voler ou pas voler, il faut savoir ce que vous voulez !** J'ai besoin de tous les moteurs, grands ou petits !

© ÉDITIONS STOCK, 2005.

> **L'AUTEUR**
> Il a été conseiller culturel auprès du président François Mitterrand de 1981 à 1984. Il a reçu le prix Goncourt en 1988 pour *L'Exposition coloniale* et a été élu à l'Académie française en 1998.

> **LE LIVRE**
> Un pédagogue décide de lancer des enquêteurs à travers l'Europe pour trouver des enfants passionnés et libres afin de les récompenser.

Quelles sont, d'après l'extrait, les qualités requises pour le processus de création ?

12 UNITÉ Bonheurs

oral

Mieux vivre

VINCENT : Je me demande si je ne vais pas vendre ma voiture.
ÉMILIE : …alors que tu l'as achetée il y a à peine six mois !
VINCENT : On peut très bien vivre même sans voiture.
ÉMILIE : Et comment iras-tu voir nos copains dans le Sud, sans voiture ?
VINCENT : Je pense que j'en louerai une, ou que j'irai en train.

HUGO : Je viens de m'inscrire à un cours de relaxation. C'est super !
SÉBASTIEN : Tu crois que tu as besoin de te relaxer ?
HUGO : Non, je ne crois pas que j'en aie particulièrement besoin. Je suis comme tout le monde. Mais je t'assure que, même si tu as passé une journée épuisante, tu ressors de la séance complètement reposé.
SÉBASTIEN : Moi, je ne pense pas que ce soit plus relaxant qu'un bon polar à la télé, qui me fait exactement le même effet.

MILÈNE : Si on quittait notre appartement…
GÉRARD : Tu n'y penses pas ! On a toujours habité ici…
MILÈNE : Justement. J'en ai assez du bruit, de la pression, des voisins et j'ai envie de verdure…
GÉRARD : Même si on habitait à la campagne, on serait dérangés : les tracteurs, les moissonneuses…
MILÈNE : Ça n'a rien à voir…
GÉRARD : Mais quand on va chez Jérôme et Marie, tu te plains toujours du bruit.

VALENTINE : Qu'est-ce qu'il y a sur ton balcon ? On dirait des carottes ?
HUGO : Oui, oui, ce sont bien des carottes.
VALENTINE : Qu'est-ce qui t'arrive ? C'est nul. Tu aurais dû mettre des fleurs ! Tu as peur d'une catastrophe mondiale ?…
HUGO : Pas du tout. Je trouve seulement agréable de manger des légumes qu'on a plantés soi-même, et j'aimerais bien que tout le monde soit comme moi et cultive son jardin. Si j'en avais eu le courage, j'aurais aussi planté des choux.

> **Indicatif ou subjonctif :**
— **Tu crois que** tu **as** besoin de te relaxer ?
— Non, **je ne crois pas que** j'en **aie** particulièrement besoin.

> **Le conditionnel passé :**
— Tu **aurais dû** mettre des fleurs !
— **Si** j'en **avais eu** le courage, **j'aurais aussi planté** des choux.

écrit

Qualité de vie
La qualité de vie, qu'est-ce que c'est pour vous ?

Pour vous simplifier les choses, nous avons listé ci-dessous quelques propositions commençant toutes par « La qualité de la vie, c'est... »

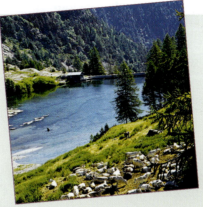 

- ❑ ... commencer sa journée en embrassant quelqu'un avec tendresse.
- ❑ ... se considérer soi-même comme quelqu'un de bien.
- ❑ ... savoir dire non.
- ❑ ... dormir à la belle étoile.
- ❑ ... trouver que la vie vaut la peine d'être vécue.
- ❑ ... avoir la certitude de connaître des gens qui répondront présent si l'on a besoin d'eux.
- ❑ ... manquer son train et ne pas chercher d'autre excuse à son retard.
- ❑ ... jouir de la vie comme un chat.
- ❑ ... rester calme, bien qu'on soit agressif avec vous.
- ❑ ... assister au lever du soleil à cinq heures du matin.
- ❑ ... récolter les légumes que l'on a fait pousser dans son jardin.
- ❑ ... ne pas toucher à son téléphone portable pendant trois jours.
- ❑ ... se baigner tout nu dans un lac de montagne.
- ❑ ... s'accorder un moment de relaxation même si on est pressé.
- ❑ ... être de mauvaise humeur et se donner le droit de le montrer.
- ❑ ... décider à 11 heures du matin d'aller faire une promenade l'après-midi au lieu de travailler.
- ❑ ... sourire à une personne, bien que l'on ne la connaisse ni d'Ève ni d'Adam.
- ❑ ... faire la cuisine avec des amis et partager le repas avec eux.
- ❑ ... s'épanouir dans son travail.
- ❑ ... vivre dans une ville sans voiture.
- ❑ ... regarder un match à la télévision.
- ❑ ... lire un bon roman.
- ❑ ... peindre un tableau, tout en sachant que ce n'est pas une œuvre d'art.
- ❑ ... regarder un oiseau se baigner dans une mare.

D'après www.qualite-de-vie.ch
© Promotion Santé Suisse

activités

Cochez les propositions qui vous semblent les plus importantes pour votre bien-être et justifiez vos choix.

> **La concession** (rappel) :
>
> **Alors que** tu l'as achetée il y a à peine six mois ! Mais je t'assure que, **même si** tu as passé une journée épuisante…
>
> **Même si** on habitait à la campagne, on serait dérangés.

OUTILS vocabulaire

1 L'état général : être en bonne ou en mauvaise santé

a. Observez les formules pour parler de manière générale de sa santé.

— Comment allez-vous ?
— Pas trop mal, merci. Je me sens mieux.

— Comment vas-tu ?
— Pas très bien. Je me sens super mal. J'ai de la fièvre et très mal au ventre.

b. Les petits maux…
Écoutez et dites dans quel ordre vous entendez.

À tes souhaits !

Ordre	Nom	Verbe
	un éternuement	éternuer
	un ronflement	ronfler
		renifler
	un bâillement	bailler
		se moucher
	une toux	tousser

2 Auriez-vous fait un bon médecin ?

Associez les symptômes à de possibles diagnostics de maladies et traitements :

Symptômes
- Le sommeil : bien/mal dormir, avoir des insomnies, faire des cauchemars
- Le poids : grossir, maigrir, être obèse
- La digestion : bien/mal digérer ; avoir des douleurs, des brûlures d'estomac ; avoir des nausées (mal au cœur), vomir
- La douleur : avoir mal à / souffrir de + partie du corps
- La forme physique : être fatigué/épuisé, être en pleine forme
- Autres symptômes : avoir froid/chaud ; trembler ; avoir de la fièvre ; avoir mal à la gorge ; avoir du mal à avaler ; avoir les yeux rouges
- Le moral : être déprimé, apathique

Quelques maladies
- rhume, sinusite, rhinite, rhinopharyngite, grippe
- gastroentérite, indigestion
- dépression nerveuse
- asthénie
- céphalée

Pour se soigner et bien guérir…
…quelques médicaments
- Analgésiques : aspirine, paracétamol, ibuprophène
- Antidépresseur
- Vitamines
- Somnifère ; anxiolytique

Attention ! L'automédication est fortement déconseillée. En cas de doute, n'hésitez pas à consulter votre médecin ou votre pharmacien.

3 Rester zen…

…c'est adopter une philosophie orientale contre le stress.

a. Complétez les cinq paragraphes ci-dessous avec les mots suivants.
Attention ! Certains mots apparaissent plusieurs fois !

techniques – décontracter – acupuncture – bain – tensions – corps – anxiété – méthodes – toxines – bien-être – détente – stress – surmenage – plantes – relaxation – massages

Stress, ……… Vous pensez avoir tout essayé, mais vous ne parvenez pas à éliminer les ……… de votre quotidien… Pourtant, de nouvelles ……… anti-………… permettent d'apporter le repos du ……… et de l'esprit aux plus tendus. Voici un petit aperçu des voies du …………

1. L'eau et ses secrets
Lorsque vous avez tout essayé pour vous ……… et qu'aucune méthode ne fonctionne, il faut parfois se jeter à l'eau ! Plongez dans un …… parfumé ou piquez une tête à la piscine afin de libérer les …… et éliminer les ………… Suivez le guide…

vocabulaire

2. La réponse des médecines douces

Pour calmer les ……… du quotidien, les médecines douces font souvent preuve d'efficacité. De l'homéopathie à la sophrologie en passant par l'………, nous faisons le tour de ces solutions alternatives pour mieux répondre aux maux créés par le ………….

3. L'harmonie par le Chi

Et si le secret de la ……… passait par la maîtrise du Chi ? Du yoga pour la …………. au taï chi pour maîtriser votre environnement. Des ……… millénaires pour vous aider à vous recentrer, à être vous-même.

La musicothérapie – l'homéopathie face au stress – l'acupuncture : une arme anti-stress – le magnésium, un anti-stress naturel – magnésium et lithium contre la dépression nerveuse

Le Taï-chi-chuan : la méditation en mouvement.

Le yoga vous changera la vie !

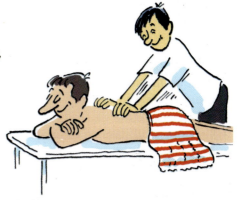

L'art des massages – la relaxation – le massage shiatsu – la réflexologie – le massage thaïlandais

4. Le bien-être à portée de main

Pour soigner l'esprit, on peut aussi passer par …………. ! Plusieurs …………. efficaces de ……… existent. On utilise beaucoup d'huiles essentielles et de crèmes à base de ………….

b. Partagez vos propres méthodes de relaxation avec le reste de la classe.

Venez partager vos trucs et astuces pour rester zen sur notre forum.

phonétique

Oppositions occlusives/fricatives

1 Entraînez-vous

a. Opposition momentanée/continue. Écoutez et répétez en faisant les gestes enseignés par votre professeur (par deux).

b. Opposition /b/-/v/. Écoutez et répétez en faisant les gestes enseignés par votre professeur (par deux).

c. Combinaison /b/-/v/. Écoutez et répétez.

d. Écoutez les phrases proposées et répétez-les en transformant les /b/ en /v/.
Exemple : Il a bu → Il a **vu**.

2 À vous de jouer !

Écoutez. Mettez une croix dans la case du son entendu : /b/ ou /v/.

	1.	2.	3.	4.	5.	6.	7.	8.	9.	10.
/b/										
/v/										

OUTILS grammaire

1 Les emplois de l'infinitif

a. Observez.
1. La qualité de vie, c'est { une nuit à la belle étoile. / **dormir** à la belle étoile.
2. Je pense { que j'en louerai une. / **en louer** une.

> **INFINITIF / PROPOSITION INFINITIVE**
> L'infinitif peut remplacer :
> • un nom
> • une proposition complétive

b. Transformez ces phrases en remplaçant le nom ou la proposition complétive par une proposition infinitive.
1. Le bonheur, c'est la vie sans voiture.
2. Il pense qu'il va partir en vacances.
3. Nous pensons que nous achèterons une voiture.
4. La liberté, c'est l'achat d'un bateau.

c. Observez.
Je **regarde** un oiseau **se baigner**.

> **APRÈS UN VERBE DE PERCEPTION**
> (regarder, voir, entendre, écouter, sentir)
> • on trouve une préposition infinitive (le sujet est avant ou après l'infinitif).

d. Transformez les phrases en utilisant un verbe de perception
Exemple : Un oiseau chante.
→ **J'entends** un oiseau **chanter**.
1. Les voisins se disputent.
2. Julie joue dans le jardin.
3. Le poulet brûle dans le four.
4. Le train passe.

2 Le conditionnel – proposition de condition

a. Observez.
Si **j'avais** le courage, **je planterais** des fleurs.
Si **j'avais eu** le courage, **j'aurais planté** des fleurs.

> *Si* + imparfait…, …conditionnel présent
> Le conditionnel présent marque un fait non réalisé dans le présent mais possible.
>
> *Si* + plus-que-parfait…, …conditionnel passé
> Le conditionnel passé marque un fait qui ne s'est pas réalisé.

b. Terminez ces phrases en utilisant le présent ou le passé du conditionnel.
1. Si j'avais le temps, …………………………….
2. Si j'avais eu du succès, …………………………….
3. Si j'étais plus riche, …………………………….
4. Si j'avais été plus tolérant(e), …………………………….
5. Si j'avais été plus épanoui(e) dans mon travail, ……
6. Si je regardais la télévision, …………………………….

3 Le conditionnel (suite)
Emplois particuliers avec les verbes *devoir, pouvoir, il faut*…

a. Observez.

> **LE CONDITIONNEL PRÉSENT**
> • peut exprimer un **conseil**.

*Tu **devrais** lui parler.*

> **LE CONDITIONNEL PASSÉ**
> • peut exprimer **un reproche / un regret**.

*Tu **aurais dû** lui parler.*

b. Imaginez ce que l'on peut dire dans ces situations, avant ou après.
1. Émilie n'a pas joué au Loto cette semaine.
2. Lucie a raté son train.
3. Jeanne a échoué à son examen.
4. Vincent a pris la voiture et s'est trompé de chemin.

grammaire

4. La concession (rappel et suite)

a. Observez.
Vous pouvez sortir **bien qu'il pleuve**.

> **LA CONCESSION**
> • après **bien que**, **quoique**,
> on emploie le subjonctif.

b. Transformez les phrases suivantes à l'aide de bien que **ou** quoique **:**

1. Même si le sucre n'est pas recommandé, vous pouvez en manger avec modération.
2. Je ferai du sport, même si le médecin me l'a déconseillé pour le moment.
3. Je continue de skier tous les hivers, malgré mon âge.
4. Il est sympathique, malgré son air tendu.

5. Le subjonctif
après un verbe exprimant une volonté ou un souhait

a. Observez.
Je **voudrais** que tu **sois** en pleine forme.
Je **souhaiterais** que tu te **considères** toi-même comme quelqu'un de bien.
J'**aimerais** que tu **saches** dire non.

Verbes exprimant une volonté ou un souhait		Subjonctif présent
Je voudrais J'aimerais Je souhaiterais / je souhaite Je préférerais / je préfère	que qu'	tu me fasses un cadeau. tu viennes plus souvent. vous m'écoutiez attentivement il n'y aille pas

> **LES SOUHAITS ET LE SUBJONCTIF** (rappel)
> Après certains verbes exprimant une volonté ou un souhait, le verbe de la subordonnée se conjugue :
> • **à l'infinitif**, quand le sujet de la principale et celui de la complétive sont les mêmes.
>   *Exemple : Je voudrais être en pleine forme.*
> • **au subjonctif** après *que*, quand les sujets sont différents.
>   *Exemple : Je souhaiterais que tu viennes.*

b. Complétez ces phrases avec un verbe à l'infinitif ou au subjonctif.

1. Il voudrait que ……………………………………
2. Nous souhaiterions ……………………………………
3. J'aimerais ……………………………………
4. Vous préférez que ……………………………………

c. Transformez le document écrit page 139 en utilisant les verbes exprimant le souhait et faites les transformations nécessaires.

6. L'indicatif et le subjonctif
après les verbes d'opinion :
la certitude et le doute

a. Écoutez et observez.

1. — Je **pense** que j'en **louerai** une.
   — Je **ne pense pas** que ce **soit** plus relaxant.
2. — Je **crois** que tu **as** besoin de te relaxer.
   — Non, je **ne crois pas** que j'en **aie** besoin.
3. — Je **trouve** que tu **dois** lui parler.
   — Je **ne trouve pas** que tu **doives** lui parler.

> **VERBE D'OPINION À LA FORME NÉGATIVE**
> • Lorsque le verbe d'opinion est à la forme négative, le verbe de la complétive est au subjonctif pour exprimer un doute.

b. Mettre les verbes entre parenthèses au mode et au temps qui conviennent :

1. Je pense qu'il *(devoir)* prendre des vacances. Je crois que, moi aussi, je *(devoir)* en prendre.
2. Je ne crois pas que nous *(venir)*, car nous sommes fatigués.
3. Je ne pense pas qu'elle *(faire)* suffisamment attention aux choses.
4. Je crois que vous *(aller)* voir mes parents chez les Letellier.
5. Je ne crois pas que tu *(venir)* samedi prochain.
6. Je pense que nous ne *(pouvoir)* pas prendre le train de 18 heures.
7. Je ne trouve pas que vous *(avoir)* l'air reposé.

c. Transformez ces certitudes en doute.

1. Elle pense que nous faisons la cuisine avec des amis et que c'est agréable.
2. Il croit que je m'épanouis dans mon travail.
3. Nous pensons que tu te sers trop de ta voiture en ville.
4. Vous croyez qu'il regarde tous les matchs à la télévision.
5. Je trouve qu'il *(faire)* des progrès.

143 /cent quarante-trois / UNITÉ 12 / Bonheurs

situations

🗨 PARLER

1. Êtes-vous heureux ?
Imaginez un débat sur le bonheur entre :

a. un amoureux de la campagne
b. un adepte de la ville
c. un partisan de la voiture
d. un adepte du vélo
e. une personne qui aime vivre avec les autres
f. une personne qui aime la solitude

2. Suite à une enquête sur la qualité de vie des Français, plus de quatre personnes sur cinq se déclarent gênées par le bruit et près de la moitié, 48,8 %, ont l'impression de vivre dans un environnement pollué. Enfin, une investigation sur la satisfaction professionnelle ou scolaire laisse apparaître que si la grande majorité des individus, 87,6 %, semble pleinement heureuse de sa situation, 69,9 % tout de même trouvent leur emploi fatigant nerveusement et 51,6 % fatigant physiquement.

Et vous, que pensez-vous de votre qualité de vie ?
Faites la liste des nuisances dans votre quotidien.

✏ ÉCRIRE

3. Un journal local fait une enquête sur le bonheur. Vous racontez une période heureuse de votre vie ou un moment de bonheur.

4. Rédigez la présentation d'une méthode thérapeutique contre le stress.

LIRE

5. Lisez cet article de presse puis répondez aux questions.

VIVRE ET PENSER COMME NADIA FEY, L'ACTRICE

Comment ne plus avoir le cafard ?
Je me concentre avant, j'élimine les mauvaises pensées. Sinon les tuiles me tombent dessus[1]. J'ai un don pour les pressentir, cela me fait gagner beaucoup de temps.

La boisson qui la rend meilleure :
Pas meilleure mais heureuse, comme avec certains excellents Bordeaux ou Bourgogne que je déniche à petits prix. Je les mets en carafe et tout le monde adore. Quand je suis fatiguée, une coupe d'un bon champagne de marque et tout va bien.

Où trouve-t-elle le silence ?
Je le trouve dans la lecture et dans ma chambre. Je lis des ouvrages qui sont des inventaires, des catalogues de collections d'objets de différentes époques, c'est la meilleure façon de comprendre comment les gens vivaient autrefois. Mais le silence que je préfère, c'est celui de la nature, il est rempli de bruits, c'est un deuxième silence.

Un voyage qu'elle ne refera jamais :
Saint-Tropez, je n'en dirai pas plus (soupir) : un cauchemar sur terre.

Le lieu qu'elle rêverait d'habiter :
Le château de Versailles

Le parfum ?
Fidèle depuis 10 ans au numéro 5 de Chanel.

La couleur rouge :
Les femmes devraient beaucoup plus la porter, elles triompheraient de celles qui vivent en noir. Dans le jardin, j'ai du mal avec les roses rouges, alors qu'elles sont très bien à l'intérieur. On pense que je suis addict du rouge, mais j'adore toutes les couleurs.

Votre film préféré ?
Mon Oncle de Jacques Tati, c'est un film qui reste très moderne. Jacques Tati était un cinéaste extraordinaire, un précurseur, il a inspiré beaucoup d'artistes.

Hammam ou sauna ?
Définitivement le hammam.

Usage du restaurant ?
Avant tout amical. J'ai une adorable petite adresse entre Paris et Franceville, ça s'appelle « Chez Louise ».

Énergie ?
Je la trouve dans le mental. Quand un problème arrive, je dis immédiatement stop et je le renvoie à la personne qui a voulu s'en débarrasser sur moi. J'ai appris auprès des grands chefs d'entreprise qu'il fallait procéder ainsi et lorsqu'une chose importante surgit, on est alors fort et disponible pour la régler.

Message personnel ?
Faites ce que vous avez envie de faire, exprimez-vous. Ne soyez jamais au goût du jour !

---
1. Les tuiles (sens figuré) : la malchance

a. Cochez les phrases vraies.
1. Nadia Fey élimine les mauvaises pensées pour combattre le stress.
2. Elle pressent les ennuis.
3. Elle adore les longues marches à pied.
4. Les grands crus : le bordeaux et le bourgogne, la rendent heureuse.
5. Elle adore le champagne de marque.
6. Elle trouve le silence dans son bureau en lisant des catalogues de mode.
7. Elle aime le silence de la nature.
8. Elle pratique le taï-chi.
9. Elle adore toutes les couleurs.
10. Elle est addict du rouge.
11. Son film préféré, c'est *Amélie Poulain*.
12. Elle préfère le hammam au sauna.
13. Elle fait des déjeuners d'affaires au restaurant.

b. À vous, répondez à ces questions :
1. Comment dissoudre un cafard ?
2. La boisson qui vous rend meilleur(e) ?
3. Où trouvez-vous le silence ?
4. Un voyage que vous ne referez pas ?
5. Votre parfum préféré ?
6. Votre rêve ?
7. Votre couleur ?
8. Votre film préféré ?
9. Votre usage du restaurant ?
10. Où trouvez-vous votre énergie ?

ÉCOUTER

6. Écoutez ce témoignage et répondez aux questions.
a. Hervé Châtelain est-il ?
1. fleuriste ☐   2. parfumeur ☐   3. épicier ☐
b. Quelle est la passion d'Hervé Châtelain ?
c. Qui lui a transmis cette passion ?
d. À quelle heure va-t-il s'approvisionner à Rungis ?
e. Qu'achète-t-il à Rungis ?
f. À quelle heure ouvre-t-il son magasin (sa boutique) ?
g. À quelle heure ferme-t-il ?
h. Combien de temps lui faut-il pour nettoyer les fleurs et les installer (les mettre en scène) dans son magasin ?
i. Quelles relations a-t-il avec sa clientèle ?
j. Que fait-il après la fermeture du magasin ?
k. Quels sont les jours de fermeture du magasin ?

Documents

Vie pratique

Je n'ai pas le moral[1]

Si vous êtes triste, que vous voyez la vie en noir… il faut faire quelque chose.
Si :

1. vous pleurez pour un rien, vous râlez, vous êtes morose…
2. vous n'avez plus d'appétit ou, à l'inverse, vous grignotez en permanence…
3. vous dormez très mal, vous faites des cauchemars qui vous réveillent…
4. vous vous trouvez nul, vous ne supportez pas le regard des autres, vous n'avez pas confiance en vous…
5. même avec vos amis, vous vous sentez seul et mal aimé…
6. vous êtes susceptible et agressif, vous êtes toujours tendu, vous avez souvent envie de tout casser…
7. vous êtes découragé même par vos activités favorites, vous vous ennuyez tout le temps, vous n'avez envie de rien…

Alors, c'est que vous déprimez.
Quand il n'est plus possible d'être soulagé par les discussions avec ses proches, il faut s'adresser à un professionnel, cela peut dénouer rapidement une situation qui paraît très complexe.
Certains lieux d'aide psychologique sont gratuits.
Répertoire des adresses « santé jeunes » (Fondation de France : www.fdf.org).
Fil santé jeunesse : 08 00 23 52 36.

D'après *Phosphore*, Guide pratique des 15-25 ans, hors série n°48 (2003-2004).

---
1. On dit aussi en français familier : J'ai le moral dans les chaussettes, j'ai le moral à zéro, j'ai le cafard, je n'ai pas la pêche, je n'ai pas la frite, je n'ai pas la patate…

1. Reliez à chaque phrase (1-7) le thème (a-g) qui correspond.

- a. alimentation
- b. sommeil
- c. motivation
- d. humeur
- e. relation avec les autres
- f. image de soi
- g. tempérament

2. Que diriez-vous à votre ami(e) déprimé(e) pour le/la convaincre de se faire aider par un professionnel ?

L'œil du sociologue

Avoir la main verte ou les doigts verts

Pour officialiser cette récente passion, une journée nationale des jardins a même été instituée le quatrième week-end de mai. Et pour les passionnés : chaque année a lieu le Festival international des jardins de Chaumont-sur-Loire.
Ce sont de plus en plus les femmes qui jardinent, et pas seulement des gens qui habitent à la campagne. Enfin, la nouvelle tendance est le jardinage dans le plaisir, c'est-à-dire, sans trop souffrir ni se fatiguer. Il faut que les jardins, terrasses, balcons soient beaux, vite faits et que ce ne soit que du bonheur. Les nouveaux jardiniers n'ont pas envie de se casser les reins pendant des heures pour profiter de leurs tulipes et de leurs capucines.

Les Français dépensent des milliards pour leurs jardins et balcons

Avec les premiers bourgeons, les jardiniers du dimanche (plus d'un foyer sur deux) sont en pleine effervescence. Graines, arbustes, fleurs, engrais, bêches ou motoculteurs… les amateurs dépensent sans compter : cinq fois plus qu'il y a trente ans. Si les Français soignent toujours autant leur pelouse et leur potager, ils sont de plus en plus nombreux à bichonner balcons et terrasses. Presque 200 millions d'euros ont été déboursés l'an dernier, soit plus d'un quart du total du chiffre d'affaires des végétaux d'ornement.
Cette passion pour les fleurs et les légumes a provoqué l'éclosion de jardineries qui, avec 24 % des quantités achetées et 30 % des sommes dépensées, sont devenues le premier circuit de distribution, aux dépens de la grande distribution et des horticulteurs.

D'après *L'Expansion*.com, 19 mai 2003

a. Les jardins, dans votre culture, sont-ils avant tout un lieu de plaisir ou un lieu de travail ?
b. Cet engouement pour le jardinage se retrouve-t-il dans votre pays ?

Le journal à plusieurs voix

www.
a. Qu'est-ce que la qualité de vie ?

www.
b. Pour moi, ce serait de rester au lit jusqu'à midi quand je veux…

www.
c. D'avoir suffisamment de vêtements pour en changer tous les matins…

www.
d. Une Rolls…

www.
e. Vivre à la campagne, même sans rien, cultiver mon jardin, faire moi-même mes vêtements…

www.
f. Partir en Afrique, pour aider les enfants démunis… Etc.

L'informatique nous joue parfois des tours… et les auteurs des messages ont disparu. Attribuez les phrases à chacun des personnages du forum, imaginez qui répond à qui, et éventuellement complétez.

Le coin des livres

L'Enchantement simple, Christian Bobin

Ce soir, je feuillette un livre d'images, je contemple des peintures. Disposant un nuage dans le ciel, une orange sur l'assiette, les peintres éclairent ce qu'il reste de jour dans le soir, inventent la juste distance qui permet à l'espace de s'ouvrir, et à l'amour de danser. La leçon de peinture est une leçon de bonté : l'amour se reconnaît ainsi, dans ce goût du détail, dans ce souci de l'infime, dans cet égard pour ce qui nous est confié et que l'avidité d'une prise anéantirait, comme un moineau tenu dans un poing trop serré. C'est à une fête infinie que nous invitent les plus humbles choses – les fruits comme les pierres, les herbes comme les astres – et il nous faut, pour en jouir, apprendre ce toucher immédiat de l'esprit dont les peintres ont le privilège. Cet exercice permanent de la douceur, cette volonté du simple. Dans le soir de sa vie, Matisse peint avec des ciseaux. Il découpe à même le ciel des orages de vin pur et des printemps de soie bleue. Il renoue avec la simple magie des crayons de couleur. Jour après jour, il cueille les heures calmes, comme un enfant compte ses joies une à une avant de s'endormir. Il est âgé, malade. C'est dans les années de souffrance qu'il accueille une étoile, et c'est sous les arcades du grand âge qu'il fleurit une enfance. La nuit s'avance à sa rencontre. Elle a la douceur d'une fille et la fraîcheur d'une source. Il peint. Il peint comme on sourit ou comme on meurt.

Poésie Gallimard
© Lettres Vives

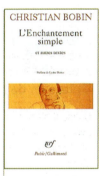

> **L'AUTEUR**
> Il vit toujours au Creusot où il est né en 1951.
> Il rencontre le début du succès avec *Le Très-bas* qui reçoit le prix des Deux Magots.

> **LE LIVRE**
> C'est un recueil en prose dédié à la fille de l'auteur, alors âgée de quatre ans.

Le peintre Henri Matisse, photographie Henri Cartier-Bresson

Quelle « leçon de vie » nous donne Christian Bobin, en s'appuyant sur la peinture et l'exemple de Matisse ?

BILAN 4

Vous connaissez...

1 La cause et la conséquence

a. Faites correspondre les causes et les conséquences.

1. Elle s'est disputée avec son mari.
2. Il a été retardé à son travail.
3. J'ai perdu mes clés.
4. Dépêche-toi !

a. Tu es très en retard.
b. On n'a pas pu rentrer chez moi.
c. Il boit trop d'alcool.
d. Il a raté son train.

b. Reliez les phrases de l'exercice a. en utilisant un connecteur d'expression de la cause, puis de la conséquence.

2 L'opposition et la concession

Complétez ces phrases par des connecteurs d'expression de l'opposition ou de la concession.

a. Les enfants étaient à l'école .... leurs mères prenaient le thé.
b. C'est une très bonne secrétaire .... elle ne parle pas les langues étrangères.
c. Les employés ont décidé de déposer un préavis de grève .... la direction a accepté d'examiner les propositions du syndicat.
d. Elle travaille bien à l'école .... elle ne fasse pas ses devoirs.
e. À la maison, c'est une enfant très calme .... à l'école, elle est très agitée.
f. Elle aime les plages et la mer .... elle va tous les ans à la montagne.

3 Le but

Reliez les deux phrases avec un connecteur d'expression du but.

a. Nous vous convoquons à un entretien. Nous évaluerons ensemble votre parcours professionnel.
b. Cette émission est le mercredi. Les enfants pourront la regarder.
c. Vous écrivez à cet employeur. Vous postulez à ce poste.
d. Nous avons invité les Letellier. Tu leur parleras de tes projets.
e. Téléphonez au numéro vert. Vous obtiendrez un devis gratuit.
f. Nous habitons dans le 5e arrondissement. Nous sommes à côté de notre université.
g. Tu travailles dans cette entreprise. Tu gagnes bien ta vie.

4 Les relations logiques : récapitulatif

Écoutez ce dialogue, relevez les connecteurs et classez-les selon qu'ils indiquent la cause, la conséquence, l'opposition, la concession ou le but. 🎧

Connecteurs	Cause	Conséquence	Opposition	Concession	But
mais				✓	

5 L'indicatif et le subjonctif (suite)

a. Mettez le verbe entre parenthèses au mode et au temps qui conviennent.

1. Je ne suis pas sûr que vous (comprendre) bien ce que je viens de vous expliquer.
2. Il me semble que vous ne (comprendre) pas bien ce que je viens de vous expliquer.
3. Cette semaine, je suis débordé ; je préférerais que tu (venir) dîner la semaine prochaine.
4. Les syndicats aiment que les patrons les (prendre) au sérieux.
5. Pour voyager à l'étranger, il vaut mieux que vous (prendre) des chèques de voyage.
6. Les experts prévoient qu'il y (avoir) une baisse des investissements l'année prochaine.
7. Je pense que vous ne me (croire) pas ; pourtant je ne mens pas.
8. Dis aux Letellier que je (être) malade et qu'ils (passer) me rendre visite.

b. Transformez les phrases suivantes selon l'exemple.

> *Exemple* : *Avec la publicité, on ne sait pas à quelle heure se termine le film. Ça m'inquiète.*
> → *Ça m'inquiète qu'on ne sache pas à quelle heure se termine le film.*

1. N'oubliez pas de bien fermer la porte. Ça vaut mieux.
2. Il va encore pleuvoir aujourd'hui. J'en ai peur.
3. Milène est de plus en plus paresseuse. Cela m'inquiète.
4. Les Parisiens ne sont pas toujours très accueillants. C'est vrai !
5. Ils ne sont pas encore arrivés. C'est étrange.

Vous savez...

1 Débattre

a. **Les journaux télévisés doivent-ils raconter ou analyser l'actualité ?**

Moi, je pense que...

Je ne suis pas du tout d'accord !

2 Parler du futur

Votre nouveau métier : astrologue.
À partir du tableau suivant, rédigez l'horoscope de la semaine prochaine.

	bélier	taureau	gémeaux	cancer	lion	vierge	balance	scorpion	sagittaire	capricorne	verseau	poissons
amour	♥♥♥	♥	♥♥♥♥	♥	♥♥	♥	♥♥♥	♥♥♥	♥	♥♥	♥♥♥♥	♥
santé	♦♦	♦♦	♦♦♦♦	♦♦	♦♦♦	♦♦♦♦	♦♦♦	♦♦	♦	♦♦♦	♦♦♦	♦♦
travail	■	■■■■	■	■■	■	■	■■■	■	■■■	■■■■	■■	■■
famille	●●	●	●	●●●	●●	●●	●	●	●●	●●●●	●●●●	●●●
amitié	♥♥♥♥	♥♥	♥♥♥♥	♥	♥	♥♥	♥♥♥♥	♥♥	♥	♥	♥♥♥♥	♥♥

3 Formuler des hypothèses

Complétez ces phrases.

a. Si j'étais une couleur, ………
b. Si j'avais été un personnage historique, ………
c. Si je me réincarne en animal, ………
d. Si j'avais été un grand acteur / une grande actrice des années 50, ………

4 Décrire des objets

Décrivez ces objets et imaginez à quoi ils pourraient servir.

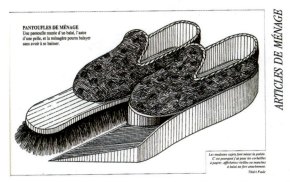

Jacques Carelman, *Catalogue d'objets introuvables*, éditions Le Cherche midi

BILAN 4

5 **Faire des reproches, exprimer des regrets**
Votre femme ou votre mari vient d'acheter l'un des objets ci-dessus (page 149). Réagissez !

6 **Raconter une histoire et exprimer l'antériorité, la simultanéité et la postériorité**
Classez les différents dessins pour construire une histoire cohérente. Ensuite, racontez la journée de Mme Fitoussi en reliant les différents éléments par des expressions de temps.

Tout est bien qui finit bien !

DELF B1 · CECR

I. Compréhension de l'oral

A. CONVERSATION
Document 1 🎧

1. Quelle émission Marc veut-il regarder à la télé ?
- a. un film ☐
- b. un documentaire ☐
- c. un débat ☐
- d. un match ☐

2. À votre avis, « Jolie et zen » est une émission :
- a. sportive ☐
- b. sur la santé ☐
- c. sur la botanique ☐

3. Décrivez le concept de cette émission :
....
....

4. L'ail c'est bon pour :
- a. le cœur ☐
- b. la peau ☐
- c. la ligne ☐

5. La tisane d'aubépine est :
- a. curative ☐
- b. relaxante ☐
- c. digestive ☐

6. La tisane de pissenlit est efficace contre :
- a. les boutons ☐
- b. les problèmes de poids ☐
- c. les maux de ventre ☐

B. ÉMISSION DE RADIO ET ENREGISTREMENT
Document 2 🎧

1. Ce document est :
- a. une publicité pour une chaîne de magasins ☐
- b. une publicité pour un grand magasin ☐
- c. une publicité pour une association de bienfaisance ☐

2. Que peut acheter un client ?

	V	F	Ne sait pas
a. des bijoux	☐	☐	☐
b. de l'alimentation	☐	☐	☐
c. des chaussures	☐	☐	☐
d. des vêtements de sport	☐	☐	☐
e. des ustensiles de cuisine	☐	☐	☐
f. une table de cuisine	☐	☐	☐
g. des tissus	☐	☐	☐
h. des meubles	☐	☐	☐
i. des lampes	☐	☐	☐
j. des vases	☐	☐	☐
k. des bougeoirs	☐	☐	☐

3. Comment fonctionne le réassortiment (stock) de ce magasin ?

4. Qu'est-ce qu'une association à but non lucratif, selon vous ?

Document 3 🎧

1. Quelle est cette invention ?

2. Cette invention concerne qui ?

3. La Wallonie est une région :
- a. américaine ☐
- b. belge ☐
- c. suisse ☐

4. Cette invention fonctionne :
- a. avec des bornes optiques qui détectent la présence de piétons et activent le système lumineux ☐
- b. avec des feux rouges qui s'allument en tapant sur le sol ☐
- c. avec des bornes optiques qui clignotent à l'arrivée d'un piéton ☐

5. En mars dernier, au Salon des Inventeurs INPEX de Pittsburg aux États-Unis, cette invention a reçu :
- a. la médaille d'argent ☐
- b. la médaille d'or ☐
- c. le 1er prix ☐

DELF B1 · CECR

Compréhension des écrits

A. LIRE POUR S'ORIENTER

Vous souhaitez vous inscrire cet été dans un centre de « thalasso », pendant une semaine, afin de vous reposer ; vous souhaitez aussi perdre quelques kilos. Vous voulez donc des repas équilibrés et pauvres en calories, des conseils en diététique et des soins relaxants. Par ailleurs, vous désirez résider dans le centre de thalasso et visiter la région, visiter des musées, sortir le soir…

Vous hésitez entre les deux organismes suivants :

	Centre de thalasso Atlantique à Biarritz	**Centre méditerranéen de thalasso à Antibes**
Recommandé pour :	Dépression, insomnie, manque d'appétit, stress, maux de tête, fatigue.	Dépression, insomnie, douleurs articulaires, stress, fatigue, perte de poids.
Soins :	Selon un programme personnalisé, nous vous proposons des bains de vapeur, des massages aux huiles essentielles, des bains de boue, des séances d'aquagym, une piscine d'eau de mer.	Le centre vous propose, selon un programme élaboré par un médecin et un kinésithérapeute : des massages, des séances de réflexologie et de sophrologie, des séances de gymnastique aquatique anti-stress, un hammam et un sauna, une piscine d'eau de mer chauffée à 33 degrés, une visite personnalisée avec un nutritionniste.
Hébergement :	Dans des hôtels à proximité du centre. Hôtels 2 à 3 étoiles.	Dans le centre, en chambre double ou individuelle, avec vue sur la mer ou sur des jardins.
Cuisine :	Le restaurant du centre est ouvert seulement pour le déjeuner entre 12 et 14 heures et propose des menus gastronomiques et des menus allégés.	Un restaurant sur place propose des menus diététiques et équilibrés conçus par une diététicienne.
Activités culturelles :	Musée de la mer, musée du chocolat, église St-Martin, port des pêcheurs, casino…	Festival de jazz à Juan-les-Pins en juillet, marché provençal, port Vauban, musée Picasso, remparts…

Pour chacun des centres de thalasso, et pour chacun des critères proposés, cochez la case « convient » ou « ne convient pas », et précisez pourquoi.

	Centre de thalasso Atlantique à Biarritz		**Centre méditerranéen de thalasso à Antibes**	
	Convient	Ne convient pas	Convient	Ne convient pas
Recommandations				
Soins				
Hébergement				
Cuisine				
Activités culturelles				

DELF B1 · CECR

B. LIRE POUR S'INFORMER

Lisez ce texte, puis répondez aux questions, en cochant la bonne réponse ou en écrivant l'information demandée.

Dis-moi ce que tu consommes, je te dirai qui tu es

Qu'on le veuille ou non, la société de consommation change. L'envie de consommer est toujours là, mais les moteurs de désir ne sont plus les mêmes que ceux qui ont marqué les décennies précédentes.

Les années 60 ont marqué le premier âge de la société de consommation, celui où les produits correspondaient à des besoins tangibles[1]. On les achetait avant tout pour leur valeur d'usage, la fonction qu'ils accomplissaient et qui améliorait souvent le cadre de vie. Ainsi du réfrigérateur (10% de la population équipée en 1958, 75% en 1969), de la machine à laver (10% en 1958, 66% en 1974), de la télévision, de l'automobile, des couches-culottes, de la lessive et de bien d'autres encore. Par l'acquisition de biens matériels de plus en plus nombreux, la consommation a permis la transformation des modes de vie et s'est associée à la notion de progrès. En 1963, Edgar Morin écrivait dans Le Monde, l'entrée dans une nouvelle civilisation « du bien-être, du confort, de la consommation, de la rationalisation ».

Les années 80 ont incarné l'apogée du deuxième âge de la consommation, celui où la valeur d'image se substitue à la valeur d'usage. À l'âge de la dynamique individualiste, les objets ne répondent plus à des besoins collectifs mais se personnalisent. Ils visent essentiellement à différencier leurs utilisateurs. La consommation s'organise selon une logique de signes.

Signes de réussite ou d'appartenance à un groupe social. Une voiture, des vêtements de marque, une maison bien équipée agissent avant tout comme des marqueurs sociaux. Ils ne répondent plus simplement à un besoin, mais sont choisis pour leur immatériel, l'imaginaire qu'ils incarnent, souvent construit par la publicité.

Trop souvent, les analystes comme les critiques en restent là. Pourtant, nous sommes entrés dans une nouvelle étape de la société de consommation. Les objets ne répondent plus simplement à des besoins : on n'a généralement pas besoin de changer de voiture ou de lave-vaisselle. Aux logiques d'arbitrage de prix ou de marquage social, s'ajoute un moteur, d'ordre psychologique. Nous choisissons de plus en plus les marques ou les produits pour le bénéfice psychique qu'ils nous apportent. Et celui-ci est souvent inconscient. Comment faire un choix relationnel quand, dans un hypermarché, on doit arbitrer entre 22 000 produits ?

La logique du désir s'est toujours articulée autour de la notion de manque. Mais ce manque est devenu psychologique. Les objets et les marques comblent[2] des vides affectifs. Avec son fameux « Parce que je le vaux bien », la marque L'Oréal joue sur la satisfaction narcissique et aide les femmes à se sentir plus belles. Elle stimule leur confiance en elles et les aide à se sentir désirables, tout en véhiculant l'idée de contrôle, de maîtrise de soi et de son image. Le succès actuel des marques de luxe repose sur une mécanique similaire, celle du luxe « pour soi » plutôt que du symbole de statut.

Par la multiplication des objets, et des messages, la consommation protège de la panne de jouissance. Il n'y a plus de temps morts, ceux-ci sont comblés par des objets, qui ont une nouvelle fonction, celle de béquille identitaire. En identifiant le modèle de la « consommation compensatoire », les chercheurs anglosaxons soulignent combien les objets du quotidien compensent des déficits identitaires. Ils deviennent une partie de nous-mêmes, traduisent qui nous sommes ou qui nous rêverions d'être. Le choix paradoxal d'un 4x4, alors qu'on conduit en milieu urbain, vise avant tout à exprimer sa personnalité, à s'identifier à un style de vie rêvée. Dans une société de cols blancs, on se sent plus libre en Levi's, plus viril en Harley Davidson ! On se sent une meilleure mère en utilisant des couches de marque. On maîtrise son corps et son image en utilisant un nouveau shampooing à forte composante technologique. De même qu'on est plus féminine en Chanel. Les marques cultes développent une valeur ajoutée affective.

Dans cette société vieillissante, en panne de repères et de projet collectif, la consommation devient une véritable thérapie. Le discours santé des marques alimentaires, les arguments sécurité des marques automobiles rassurent une société anxieuse et peu sûre d'elle. Les objets nous consolent, nous confirment dans notre existence ou meublent le vide de sens auquel nous sommes confrontés. Il faut désormais aborder la société de consommation avec une nouvelle clé de lecture, où leur valeur affective l'emporte sur leur fonction.

Nicolas Riou[3], LIBÉRATION, lundi 31 octobre 2005

---

1. Des besoins tangibles : des besoins réels – 2 comblent : remplissent – 3. consultant, enseigne la publicité à HEC (école des Hautes Études Commerciales)

---

1. Cochez la bonne réponse.

a. Ce document à pour but de :
1. informer les consommateurs sur les produits de marque. ☐
2. parler des nouveaux enjeux de la consommation. ☐
3. parler des différentes catégories de consommateurs. ☐

b. Aujourd'hui nous choisissons les produits pour :
1. leurs qualités ☐   2. leur prix ☐
3. leurs usages ☐   4. leur nécessité ☐
5. le bénéfice psychologique qu'ils apportent ☐

c. Le succès actuel des marques de luxe repose sur :
1. des valeurs narcissiques ☐
2. des qualités de fabrication ☐
3. des signes de richesse ☐
4. des critères esthétiques ☐

DELF B1 · CECR

2. Répondez aux questions en citant la partie du texte concerné.
a. Comment consommait-on dans les années 60 ?
b. La consommation s'organise selon quelle logique ?
c. Quelles images veut-on donner des produits dans les publicités ?
d. Qu'est-ce que le modèle de la « consommation compensatoire » ?
e. Avec quelle nouvelle clé faut-il aujourd'hui aborder la société de consommation ?

3. Donnez l'information demandée.
a. Combien peut-on trouver de produits dans les hypermarchés ? → ……
b. Dans quelle marque est-on plus féminine ? → ……
c. Quel type de discours les marques alimentaires utilisent-elles ? → ……
d. Pourquoi utilise-t-on un 4 x 4 en ville ? → ……

III Production écrite

Vous avez pris un abonnement à Théabox, qui vous proposait Internet, le téléphone illimité pour les appels locaux et un bouquet de chaînes satellites. Peu de temps après que vous avez effectué l'installation, le téléphone et Internet se sont arrêtés de fonctionner, vous avez téléphoné avec votre téléphone portable à votre fournisseur. La minute vous a coûté 0, 34 euros et vous avez appelé plusieurs fois, sans obtenir de résultats. Très en colère, vous adressez une lettre à votre fournisseur pour raconter les faits, exprimer votre mécontentement et résilier votre abonnement.

Rédigez votre lettre. Votre texte comportera 160 à 180 mots.

IV Production orale

1. Parler de soi. Présentez-vous.

2. Prendre part à une conversation (exercice en interaction).

Vous avez fait réaliser dans votre magasin de vêtements des travaux de rénovation : peinture et électricité. Avec l'entrepreneur, vous étiez d'accord sur le montant total des travaux à réaliser. Après que les travaux ont été effectués, vous recevez une facture et vous constatez que la somme demandée est supérieure de 30% au prix convenu.

Vous téléphonez à l'entrepreneur pour obtenir des explications et pour dire votre désaccord.

3. S'exprimer en continu (monologue suivi). Présentez ce document.

Mais si, les Français aiment leur langue !	
Voici les caractéristiques que l'on entend au sujet de la langue française. Quelles sont celles qui lui correspondent le mieux ?[1]	
	Ensemble des Français
Porteuse de culture et d'histoire	47%
Qui a une orthographe compliquée	43%
Agréable à entendre	37%
Capable de résister à l'anglais	16%
Précise	15%
En voie de disparition dans le monde	14%
Figée	4%

D'après LE PARISIEN, 20 novembre 2005

1. Total supérieur à 100, les interviewés ayant pu donner deux réponses.

PRÉCIS GRAMMATICAL

Les types de phrases

La phrase interrogative

L'interrogation peut porter sur l'ensemble de la phrase (interrogation totale) ou sur une partie de la phrase (interrogation partielle).

› Lorsque l'interrogation porte sut toute la phrase, elle est marquée :
– par **est-ce que** : Est-ce que vous travaillez ?
Il n'y a pas d'inversion du sujet.
— Par l'intonation montante (à l'oral) : Tu travailles ?
(À l'écrit, l'interrogation n'est alors traduite que par le point d'interrogation.)

— par l'inversion du pronom sujet (langue soutenue) :
Travaillez-vous ici ?
Lorsque le sujet est un nom, il est repris par un pronom :
Votre femme travaille-t-elle ?

(Lorsque le verbe se termine par une voyelle, il y a un « -t- » dit euphonique.)

› Lorsque l'interrogation porte sur un élément de la phrase, elle et marquée par un mot interrogatif, simple ou composé :
Quel métier choisirez-vous ?

Adjectifs interrogatifs

	Formes simples	
	Masculin	féminin
Singulier	quel	quelle
Pluriel	quels	quelles

Qui est-ce qui a téléphoné ?   À qui avez-vous téléphoné ?
À quoi avez-vous réfléchi ?   Que dites-vous ?

Pronoms interrogatifs

	Simples	Composés
Personne	qui	qui est-ce qui (sujet)
		qui est-ce que (complément)
Chose	que	qu'est-ce qui (sujet)
	quoi	qu'est-ce que (complément)
	(après préposition)	

Adverbes

Temps	Quand…	Quand est-ce que…
Manière	Comment…	Comment est-ce que…
Nombre	Combien…	Combien est-ce que…
Cause	Pourquoi…	Pourquoi est-ce que…

La phrase négative

› La négation peut porter sur différents éléments de la phrase.

Sujet

Personne	Chose
Personne n'est venu.	**Rien ne** s'est passé.

Complément*

Personne	Chose
Je **ne** vois **personne**.	Je **ne** vois **rien**.
Je **n**'ai vu **personne**.	Je **n**'ai **rien** vu.

Circonstance*

Temps	Lieu
Il **ne** travaille **jamais**.	Nous **n**'allons **nulle part**.
Il **n**'a **jamais** travaillé.	Nous **ne** sommes allés **nulle part**.
Je **ne** travaille **plus**.	
Il **ne** travaille **pas** encore.	

*REMARQUE
Au passé composé, l'auxiliaire (**avoir** ou **être**) est placé entre les deux éléments de la négation.

– **aucun(e)** est un adjectif indéfini à valeur négative :
Il **n**'y a **aucune** raison de s'inquiéter.
Je **n**'ai **aucune** idée de ce qui va se passer.

La phrase passive

› Dans la phrase passive, le complément du verbe de la phrase active devient le sujet, et le sujet devient le complément d'agent :
Les syndicats ont déposé un préavis de grève.
→ Un préavis de grève a été déposé par les syndicats.

Le complément d'agent peut ne pas être exprimé :
Cette usine a été créée en 1997.
(= On a créé cette usine en 1997.)

Les pronoms

Les pronoms personnels compléments

Rappel :
— Les pronoms personnels compléments directs sont : **le, la, l', les**.
— Les pronoms personnels compléments indirects remplaçant un nom de personne introduits par la préposition **à** : **lui, leur**, sont placés avant le verbe.
— Avec les autres prépositions, on emploie **lui, elle, eux, elles** placés après la préposition.
    Je ne me souviens plus d'eux.
— Le pronom **y** remplace un complément désignant une chose introduit par **à**, ou un lieu (lieu où l'on va, lieu où l'on est).
— Le pronom **en** remplace un nom de chose introduit par un partitif ou par la préposition **de**, ou aussi un complément de lieu (lieu d'où l'on vient).

Place des pronoms personnels compléments

— Au passé composé, le pronom personnel se place entre le sujet et l'auxiliaire :
    Tu **lui** as demandé de venir ?
— Si la phrase est négative, les deux éléments de la négation encadrent le complément et l'auxiliaire :
    Je ne **lui** ai pas demandé de venir.
— Lorsqu'il y a deux pronoms personnels, le pronom direct se place devant le pronom indirect pour la troisième personne :
    Tu le **lui** as demandé ?

ATTENTION !
› Cette place est inversée lorsqu'il s'agit d'un pronom indirect désignant la première ou la deuxième personne :
    — Julien **t**'a donné le billet ?
    — Oui, il **me l**'a donné.

155 /cent cinquante-cinq/ PRÉCIS GRAMMATICAL

L'ordre des pronoms personnels

Sujets	Réflexifs	CO directs	CO indirects		
0	1	2	3	4	5
je	me / m'				
tu	te / t'				
il /elle /on	se / s'	le*/ la / l'	lui / leur	y	en
nous	nous				
vous	vous				
ils /elles	se	les	leur		

* *Le* peut remplacer une phrase ou un infinitif.

Il **me l'**a dit. Il **nous en** a parlé.
Il **le leur** a dit. Il **vous y** emmènera.

ATTENTION !
› Les combinaisons 0-1-3 et 0-3-4 sont impossibles.

L'ordre des pronoms personnels à l'impératif

Verbe à l'impératif	-moi	-m'en
	-le	-lui	-lui-en
	-la	-nous	-nous-en
	-les	-leur	-leur-en

Répare-**la-moi** ! Parle **m'en** ! Apporte-**la-lui**.

L' expression de la quantité

La quantité peut être marquée par :
— le partitif **du, de la, de l'**, utilisé uniquement avec les mots non comptables :
  Nous prenons du repos.
— les adjectifs indéfinis **beaucoup de, un peu de, quelques, certains, tout, plusieurs**.

*REMARQUE
— **plusieurs** insiste sur la pluralité
  Il faut prendre un appartement à plusieurs.
— **quelques** s'emploie avec des noms comptables ; alors que **un peu de** s'emploie uniquement avec des noms non comptables :
  Je vais prendre quelques jours de vacances.
  Je vais prendre un peu de repos.
— **beaucoup, peu, plusieurs** sont invariables.
— **tout**, qui marque la totalité, peut être employé au singulier ou au pluriel :
  J'ai passé toute la journée à la campagne.
  Tous les vêtements sont vendus.

Les pronoms de quantité peuvent avoir une forme similaire ou différente de celle des adjectifs. Quand ils sont compléments, les pronoms de quantité sont composés de la forme en et de l'indéfini correspondant :

  Nous avons mangé du **pain**. / Nous **en** avons mangé.
  Nous avons mangé un peu de **pain**. /
  Nous **en** avons mangé **un peu**.
  Nous avons mangé quelques **fruits**. /
  Nous **en** avons mangé **quelques-uns**.
  Nous avons mangé beaucoup de **fruits**. /
  Nous **en** avons mangé **beaucoup**.
  Nous avons mangé certains **fruits**. /
  Nous **en** avons mangé **certains**.

ATTENTION !
› **Tout, toute, tous, toutes** fonctionnent avec le pronom direct : **le, la, les**, quand ils sont compléments :
  J'**ai** apporté tous **les dossiers**. /
  Je **les ai** tous apportés.
› Quand il sont sujets, ils peuvent remplacer ou reprendre le pronom :
  Ils sont tous partis.
  Tous sont partis.

Les pronoms possessifs

Ils se composent de l'article défini et d'une forme marquant la possession. Ils portent la marque du genre et du nombre de l'objet, et la marque de personne du possesseur.

Les pronoms démonstratifs

Ils sont utilisés pour désigner un objet propre (**-ci**) ou lointain (**-là**).

Pronoms démonstratifs

	Masculin	Féminin
Singulier	celui-ci	celle-ci
	celui-là	celle-là
Pluriel	ceux-ci	celles-ci
	ceux-là	celles-là

Il existe également une forme neutre : **ceci, cela, ça** (plus familier).

Pronoms possessifs

Possesseur	Masculin singulier	Féminin singulier	Masculin pluriel	Féminin pluriel
je	le mien	la mienne	les miens	les miennes
tu	le tien	la tienne	les tiens	les tiennes
il / elle /on	le sien	la sienne	les siens	les siennes
nous	le nôtre	la nôtre	les nôtres	
vous	le vôtre	la vôtre	les vôtres	
ils / elles	le leur	la leur	les leurs	

Les pronoms relatifs

La forme du pronom relatif varie suivant sa fonction dans la proposition relative.

Pronoms relatifs

Sujet : **qui**	Il demande un poste **qui** lui convient bien.
Complément : **que**	Le poste **qu'**il demande lui convient bien.
Complément de nom ou complément d'un verbe construit avec **de** : **dont**	Voilà les documents **dont** nous avons besoin.
Complément de lieu : **où**	C'est un secteur **où** il **y** a de la concurrence.

Pronoms relatifs composés

Moyens	Les relatifs composés		
		masculin	féminin
dans sur avec grâce à … +	Singulier	lequel	laquelle
	Pluriel	lesquels	lesquelles
	Singulier	auquel	à laquelle
	Pluriel	auxquels	auxquelles
	Singulier	duquel*	de laquelle*
	Pluriel	desquels*	desquelles*

C'est le prêt **avec lequel** j'ai financé mon projet.

*Attention !
Aujourd'hui, on utilise plutôt le relatif simple **dont**.

Celui de, celui qui/que…

› Pour remplacer un nom accompagné d'un complément de nom ou d'une relative, on emploie une partie du pronom démonstratif suivie du complément de nom ou de la relative.
— Vous aimez la robe de Marie. / Vous aimez celle de Marie ?
— Vous aimez la robe que nous avons choisie ? / Vous aimez celle que nous avons choisie ?

› Les formes varient en genre et en nombre comme celles du pronom démonstratif.

Celui de, celui qui/que

	Masculin	Féminin
Singulier	celui qui/que	celle qui/que
	celui de	celle de
Pluriel	ceux qui/que	celles qui/que
	ceux de	celles de

Il existe une forme neutre : **ce qui/que**
Ce que j'aime, ce sont les films d'aventure.

Les temps

Pour le passé on emploie le passé composé ou l'imparfait :
Quand le cambriolage a eu lieu, les voisins dormaient.

— **Le passé composé** marque une action ponctuelle, ou une action qui dure un temps bien délimité.

— **L'imparfait** marque un état ou une action en train de se dérouler, au moment où une autre se produit.

RAPPEL
› Le passé composé est formé de l'auxiliaire **avoir** (pour la plupart des verbes) ou **être** (pour les verbes **aller, arriver, devenir, entrer, mourir, naître, partir, rester, revenir, tomber, venir** et les verbes pronominaux) suivi du participe passé du verbe.
Avec l'auxiliaire **être**, le participe passé s'accorde avec le sujet :
Elles sont tomb**ées**.
Avec l'auxiliaire **avoir**, le participe passé s'accorde avec le complément quand celui-ci est placé devant :
Nous avons contrôlé cette voiture hier. /
Cette voiture, nous l'avons contrôl**ée** hier.

— L'imparfait se forme généralement sur la première personne du pluriel du présent du verbe, à laquelle on ajoute les terminaisons :
-ais, -ais, -ait, -ions, -iez, -aient.

Le plus-que-parfait indique une action antérieure à une autre action passée. Il est formé de l'auxiliaire à l'imparfait suivi du participe passé du verbe.
Nous sommes allés voir un film qu'elle **avait vu** la semaine dernière.

Le futur est marqué :
— par le futur proche, composé du verbe **aller** suivi de l'infinitif :
Nous **allons** nous install**er** dans le Midi.
— par le futur simple. Il est en général formé à partir de l'infinitif, auquel on ajoute les terminaisons **-ai, -as, -a, -ons, -ez, -ont** :
Nous nous installer**ons** dans le Midi, l'année prochaine.

Quelques verbes ont un futur irrégulier :
Nous **irons** nous installer dans le Midi, l'année prochaine.

Le futur proche renvoie à un futur proche. Le futur simple s'emploie plutôt pour un futur éloigné.

Le conditionnel est formé à partir du futur auquel on ajoute les terminaisons de l'imparfait (**-ais, -ais, -ait, -ions, -iez, -iaient**).
Je ser**ai** → Je ser**ais**
Nous aur**ons** → Nous au**rions**
Ils fer**ont** → Ils fer**aient**

On l'utilise pour formuler une demande polie, un conseil, une condition.
Nous souhaitons qu'ils reconsidèrent leur position.

Les complétives

Les complétives à l'indicatif

On les trouve après les verbes exprimant une opinion (**penser**), une connaissance (**savoir**), une déclaration (**dire**) :
Nous pensons qu'il vaut mieux vivre à la campagne.

	Paroles d'origine	Paroles rapportées
Fait réel		• Pas de changement de temps après un verbe introducteur au présent ou au futur : → Il (me) dit/dira…
	au présent : *Je le vois tous les lundis.* →	**au présent** : *…qu'il le voit tous les lundis.*
	au passé composé : *Je l'ai rencontré, il y a 5 ans.* →	**au passé composé** : *…qu'il l'a rencontrée, il y a 5 ans.*
	au futur : *Je le verrai la semaine prochaine.* →	**au futur** : *…qu'il le verra la semaine prochaine.*
	…	…
		• Après un verbe introducteur au passé : → Il (m'/me) a dit/disait/avait dit…
	au présent : *Je le vois tous les lundis.* →	à l'**imparfait** (simultanéité) : *…qu'il le voyait tous les lundis.*
	à l'imparfait : *Je les voyais tous les lundis.* →	à l'**imparfait** (simultanéité) : *…qu'il les voyait tous les lundis.*
	au plus-que-parfait : *Je les avais vus.* →	au plus-que-parfait (simultanéité) : *…qu'il les avait vus.*
	au passé composé : *Je l'ai rencontré, il y a 5 ans.* →	au **plus-que-parfait** (antériorité) : *…qu'il l'avait rencontrée il y a 5 ans.*
	au futur simple : *Je le verrai la semaine prochaine.* →	au **conditionnel** (postériorité) : *…qu'il le verrait la semaine prochaine.*

Les complétives au subjonctif

— On les trouve après les verbes ou les expressions verbales exprimant une volonté (**je voudrais que…**), une nécessité (**il faut que**), un conseil (**il vaudrait mieux que…**), un sentiment (**je regrette que…**, **il est regrettable que…**) : Il est inadmissible que des enfants soient exploités.

— Les formes du subjonctif varient suivant les verbes. Pour les verbes en **-er**, les formes sont semblables à celles du présent de l'indicatif (sauf pour la 1re et la 2e personnes du pluriel) : Il vaudrait mieux que tu arrêtes de travailler.
Il vaudrait mieux que vous arrêtiez de travailler.

— Lorsque le verbe de la principale et le verbe de la complétive ont le même sujet, on emploie obligatoirement l'infinitif :
Je voudrais que tu viennes. Mais : Je voudrais venir. (moi)

ATTENTION !
› L'infinitif est souvent précédé de **de** :
Je suis heureux de partir.

— De même, après les verbes impersonnels (**il vaut mieux…**), on emploie l'infinitif si le sujet n'est pas exprimé :
Il vaut mieux ne pas conduire quand on est fatigué.

Les interrogatives indirectes

— Elles s'emploient après les verbes **ne pas savoir**, **(se) demander**, **dire**. Elles sont à l'indicatif. Il n'y a pas d'inversion du sujet.

Les complétives interrogatives

	Interrogation directe	Interrogation indirecte
Totale	Est-ce qu'il va faire beau ?	Je me demandais s'il va faire beau.
Portant sur le sujet (personne)	Qui a téléphoné ?	Je ne sais pas qui a téléphoné.
Portant sur le sujet (objet)	Qu'est-ce qui se passe ?	Je me demande ce qui se passe.
Portant sur un complément	Qui demandez-vous ?	Je voudrais savoir qui vous demandez.
	Qu'est-ce que vous faites ?	Je me demande ce que vous faites.
Portant sur un complément circonstanciel	Où allez-vous ?	Je voudrais savoir où vous allez.
	Combien est-ce que ça coûte ?	Je ne sais pas combien ça coûte.

— Les pronoms interrogatifs peuvent changer par rapport à ceux qui sont employés dans l'interrogation directe.
Les règles de concordance des temps sont les mêmes que pour la complétive à l'indicatif.

La proposition infinitive

Après un verbe de perception (**regarder**, **voir**, **entendre**, **écouter**, **sentir**), on trouve une proposition infinitive (le sujet est avant ou après l'infinitif) :
Je regarde un oiseau se baigner.

L' expression du temps

Les compléments de temps varient selon qu'ils expriment un moment antérieur, simultané ou postérieur par rapport au moment de celui qui parle.

L'expression du temps

	Antériorité	**Simultanéité**	**Postériorité**
Dans le présent	hier	aujourd'hui	demain
	hier matin	ce matin	demain matin
	la semaine dernière	cette semaine	la semaine prochaine
	il y a trois jours		dans trois jours
Dans le passé	la veille	ce jour-là	le lendemain
	la veille au soir	ce soir-là	le lendemain soir
	l'année d'avant (précédente)	cette année-là	l'année d'après (suivante)

La durée est exprimée par :
— un complément seul : Nous avons travaillé deux heures.
— un complément précédé de **pendant** :
Nous avons travaillé pendant deux heures.

— **depuis** (généralement accompagné d'un verbe au présent ou à l'imparfait) : Il dort depuis deux heures.
Il dormait depuis deux heures quand nous sommes arrivés.

— **il y a**, généralement accompagné du passé composé, qui marque la durée écoulée depuis qu'un événement s'est produit : Il a téléphoné il y a cinq minutes.
Dans les propositions de temps, les conjonctions varient suivant qu'on exprime la simultanéité, l'antériorité ou la postériorité.

L'antériorité	La simultanéité	La postériorité
Avant de + infinitif **Avant d'acheter** une peinture, j'aimerais réfléchir. *Avant* + nom Le Salon sera à Paris **avant** cet été. *Avant que* + subjonctif Il exposera au Salon des inventeurs **avant qu'il soit** trop tard.	*Lorsque* + indicatif *Aussitôt que* + indicatif *Dès que* + indicatif *Quand* + indicatif *Au moment où* + indicatif *Quand / aussitôt que / dès que / lorsque / au moment où* l'orage **a éclaté**, il est rentré chez lui. *Au moment de* + infinitif Il a téléphoné **au moment de partir**. *Au moment de* + nom Il faut la commencer **au moment du solstice** d'été.	*Après* + infinitif passé **Après avoir étudié** à l'École nationale d'Art décoratif à Limoges, j'ai terminé ma formation. *Après* + nom **Après une longue pratique** de la peinture, je viens de terminer mon cursus.

ATTENTION !
› *Avant que* est suivi d'un verbe au subjonctif.
› Postériorité de la principale par rapport à la subordonnée : Nous avons décidé de partir (après l'orage).

L'expression du lieu

Prépositions, villes et pays

	Genre et nombre	Le lieu où l'on est Le lieu où l'on va	Le lieu d'où l'on vient
Villes	Tous genres et nombres	à Barcelone à Acapulco	de Barcelone d'Acapulco
Pays	Masculin sing.	au Zimbabwe en Irak	du Zimbabwe d'Irak
	Féminin sing.	en Lettonie en Arménie	de Lettonie d'Arménie
	Masc. et fém. pl.	aux Pays-bas aux îles Marquises	des Pays-Bas des îles Marquises

Par, pour et les lieux

pour exprime la direction ou la destination.
par exprime le lieu de passage.
— On part demain **pour** l'Espagne.
— Génial, et vous passez **par** où ?
— On va traverser la frontière **par** les Pyrénées-Orientales.

y, en

— *y* marque le lieu où l'on se trouve ou la destination :
J'habite à **Paris**, j'**y** vis depuis deux ans.
Je pars pour **Luchon**. J'**y** vais demain.
— *en* marque le lieu d'où l'on vient :
Il est arrivé à **Paris** à 7 heures. Il **en** est reparti à 10 heures.

Les rapports logiques

La cause

› L'expression de la cause <u>avec un verbe</u>
— *parce que, car* : la cause est généralement introduite par *parce que*. Son équivalent *car*, qui correspond à un langage plus soutenu, ne peut être placé en début de phrase.
— *comme, étant donné que* introduisent la cause en premier lieu. On les place en début de phrase.
— *puisque* introduit une cause connue et évidente.
— *sous prétexte que* introduit une cause contestable.
› L'expression de la cause <u>avec un nom</u>
— *grâce à* introduit une cause positive.
— *à cause de* introduit une <u>cause négative ou neutre</u>.

La conséquence

— *donc, c'est pourquoi* : la conséquence est généralement introduite par *donc* ou *c'est pourquoi*.
— *c'est la raison pour laquelle* est réservé à l'écrit et au langage plus soutenu.
— *alors, c'est pour ça que* sont très utilisés dans le langage courant.
— *si bien que, à tel point que, tant et si bien que, à tel point que, au point de, de sorte que...*

Le but

pour que, afin que suivis du subjonctif :
Pour que cette tisane soit efficace, il faut en prendre pendant trois mois.
Si les sujets de la proposition principale et de la proposition sont les mêmes, on emploie *pour* suivi de l'infinitif :
Pour la préparer, laissez-la infuser une semaine.

La condition

— *si* + **présent** marque une possibilité :
Si tu suis un régime, tu vas maigrir.
Ou encore une éventualité réalisable (au futur) :
Si tu paies la moitié, ton loyer sera de 525 euros.
— *si* + **imparfait** marque une condition non réalisée dans le présent :
Si tu payais ta moitié, son loyer serait de 525 euros.
— *si* + **plus-que-parfait** marque une condition non réalisée dans le passé : Si j'avais eu de l'argent quand j'étais jeune, j'aurais beaucoup voyagé.
— *même si* + indicatif, *à supposer que* + subjonctif, *quand bien même* + conditionnel expriment une hypothèse peu probable et de toute façon insuffisante pour que l'action exprimée par le verbe de la principale se réalise.
Même s'il voulait arrêter de fumer, il n'y arriverait pas.
À supposer qu'il veuille arrêter de fumer, il n'y arriverait pas.
Quand bien même il voudrait arrêter de fumer, il n'y arriverait pas.

La concession

Elle est exprimée par :
— *bien que*, suivi du subjonctif :
Bien qu'il fasse beau, je ne sortirai pas.
— ou par des mots de coordination :
Il fait beau. Pourtant je ne sortirai pas.
Il fait beau. Cependant je ne sortirai pas.

Le gérondif (en + participe présent)

Peut exprimer la cause, la condition ou le temps :
Renseignez-vous en consultant notre site.
En réservant votre billet, vous avez de meilleurs tarifs.
Profitez du soleil en découvrant de nouvelles civilisations.

Crédits photographiques

1re de couv Jonarnoldimages
11 ht © SIPA PRESS/F. Durand
11 m © HPP/Imagestate/M. Hesse
11 bas d © REA/M. Nascimento
20 ht d © REA/Report Digital/P. Box
20 bas g © REA/S. Ortola
23 © REA/B. Decout
28 ht g © SIPA PRESS/EPA/N. Bothma
28 bas g © SIPA PRESS/V. Moos
28 bas d © HPP/Imagestate/H. Arden
28 ht d © SIPA PRESS/Boissière
30 ht Ph. MAIRIE DE PARIS
30 bas Ph. Ministère de la Jeunesse et des Sports
33 © REA/P. Sittler
34 CFDT/Droits Réservés
34 CGT/Droits Réservés
34 CNT/Droits Réservés
34 FO/Droits Réservés
38 © SIPA PRESS/Chamussy
39 © SIPA PRESS/Sichov
40 g © REA/Denis
40 immigration CFDT/J.P. Delagarde
40 Europe CFDT/J. P. Delagarde
40 énergies CFDT/J.P. Delagarde
40 Sécurité sociale CFDT/J.P. Delagarde
43 a © AFP/J. Munch
43 b © REA/P. Bessard
43 c © HPP/Age Fotostock/Hoa-Qui/San Rostro
43 d © HPP/Hoa-Qui/Explorer/J. P. Lescourret
47 ht © CORBIS/Zefa/S. Grewel
47 m © REA/P. Bessard
47 bas © REA/P. Sittler
49 bas d © SUNSET/J. M. Labat
49 ht d © CORBIS/Zefa/C. Devan
56 © SIPA PRESS/N. Chauveau
59 © REA/S. Ortola
60 1 © REA/Ludovic
60 2 © REA/M. Fourmy
60 3 © SIPA PRESS/F. Durand
60 4 © SCOPE/J. Guillard
60 5 © SIPA PRESS/Chardon
64 © REA/M. Gaillard
66 ht d © HPP/Gamma/R. Delalande
66 m g © COLOCATION.FR
66 bas © APPARTAGER.COM
66 bas d © FONDATION ABBÉ PIERRE
69 ht g © HPP/Hoa-Qui/M. Denis-Huot
69 bas g © HPP/Gamma/A. Carlos
69 ht d © HPP/Hoa-Qui/S. Grandadam
69 bas d © SCOPE/J. Guillard
73 © Images agence photo SAS/Boyer
74 ht g © REA/P. Bessard
74 bas g © HPP/Top/Jarry- Tripleton
74 ht d © REA/L. Saint Elie
74 bas d © GODONG - Pascal Delloche
75 ht g © SUNSET/Japack
75 m ht © HPP/Age Fotostock/Hoa-Qui/Jose Fuste Raga
75 ht d © HPP/Gamma/G. Bassignac

75 m g © HPP/Rapho/E. Luider
75 m d © HPP/Imagestate/S. Vidler
75 bas d © HPP/Hoa-Qui/S. Grandadam
76 bas g © PLANETE URGENCE
76 ht d © REA/AVECC/H. Vincent
76 bas d © HPP/Hoa-Qui/D.Guilhaume
79 m d © SUNSET/Timmermann
79 bas d © SUNSET/World Pictures
80 ht © SUNSET
80 m d © SUNSET/Horizon Vision
83 ht © REA/I. Hanning
83 m © REA/T. Craig
83 bas © REA/M. Nascimento
85 m g © REA/P. Sittler
85 ht d © REA/S. Ortolan
85 bas d Ph. MAIRIE DE PARIS
86 © REA/M. Gaillard
86 a © HPP/Hoa-Qui/P. Masclaux
86 b © SUNSET/Superbild
86 c © CORBIS/Owen Franken
86 d © REA/N. Tavernier
86 e © CORBIS/DPA/H. von Heydenaber
86 f © REA/Reporters/P. Broze
86 g © REA/R. Damoret
86 h © HPP/Explorer/Forget
91 ht © SUNSET/Superbild
91 m Droits Réservés
91 bas © B. Domenjoud
92 © SIPA PRESS/F. Durand
95 © REA
101 Ph. ACTION CONTRE LA FAIM
102 bas g © REA/P. Sittler
102 ht d © REA/J. Thomazo
103 Éd. De La Martinière © ph. Yann Arthus-Bertrand
105 © REA/R. Demaret
106 1 © SIPA PRESS/Zich
106 ht © SIPA PRESS/Zich
106 2 © REA-AVECC/VH. Vincent
106 3 © REA-AVECC/H. Vincent
106 4 © REA/P. Allard
106 5 © HPP/Hoa-Qui/Ph. Wang
106 6 © HPP/Age Fotostock/Hoa Qui/Glamour International
106 7 © CORBIS/M. Boys
106 8 © REA/G. Rolle
106 9 © HPP/Hoa-Qui/Ch. Valentin
106 10 © REA/I. Hanning
106 11 © REA-Laif/M. Jehnichen
106 12 © HPP/Age Fotostock/Hoa-Qui/S. Pearce
107 © CABU/2004 pour la Mairie de Paris
110 Ph. DEMAIN.FR
112 © REA/Denis
115 © CORBIS/W. Whitehurst
117 ht © HPP/Imagestate/J. Davis
117 m © REA/N. Tavernier
117 bas © CORBIS/F. Lanting
119 ht d © REA-Expansion/H. de Oliveira
119 France2/DR

119 France3/DR
119 M6/DR
119 bas Paris Premiere
124 g © Photodisc
124 m © REA/Kulish/Intel/Ho svp positions
124 d © B. Domenjoud
126 ht © CLEMI/Ministère de l'Éducation
127 Éd. Albin Michel © ph. d'auteur Marianne Rosenstiehl / H & K
128 Ph. Mairie de Monts/Salon des jeunes Inventeurs/DR
129 Ph. Philippe Godfrain Conseil/Salon ArtPage 2006-La Défense/DR
130 exercice 1 a : 1a-1 © CORBIS/Zefa/M. Kulka
130 1a-2 © CORBIS/J. Hurst
130 1a-3 © CORBIS/Zefa/F. Parsa
130 1a-4 © CORBIS/Zefa/F. Bodenmueller
130 1a-5 © HPP/Age Fotostock/Hoa-Qui/L. Cary
130 1a-6 © CORBIS/P. Harholdt
130 1a-7 © CORBIS/Ch. Rogers
130 1a-8 © RMN/G. Blot
130 1a-9 © HPP/Fotostock Age/Hoa-Qui/S.T. Yiap
130 1a-10 © CORBIS/Envision
130 exercice 1 b : 1b-1 © PHOTONONSTOP/A. J. Cassaigne
130 1b-2 © CORBIS/D. Zimmerman
130 1b-3 © CORBIS/M. Prince
130 1b-4 © CORBIS/Zefa/O. Peizer
130 exercice 2 : 2-1 © REA/P. Gleizes
130 2-2 © SIPA PRESS/Nahassia
130 2-3 © CORBIS-Sygma/G. Patrick
130 2-4 © CORBIS/W. Taufic
132 1 © SIPA PRESS/YD Photos
132 2 © Photodisc
132 3 © HPP/Fotostock Age/Hoa-Qui/R. Campillo
133 1 © SIPA PRESS/Le Lann
133 3 © REA/G. Leimdorfer
134 © Cité Internationale des Arts, Paris
136 © REA/M. Dorigny
137 couv. Éd. Stock © ill. Santiago Morilla/www.zegma.com
139 g © CORBIS/O. Franken
139 d © CORBIS/S. Marcus
144 ht g © CORBIS/Zefa/P. Saloutos
144 ht d © HPP/Hoa-Qui/Ch. Vaisse
144 bas g © HPP/Rapho/E. Luider
146 bas g © REA-Reporters/C. Deprez
146 ht g © CORBIS/C. Perry
147 Éditions Gallimard d'après ph. © Lydie Daltas
147 © MAGNUM/Henri Cartier-Bresson
149 ht © CORBIS/H. A. Roberts
149 bas g © ADAGP, Paris 2006
149 bas g © ADAGP, Paris 2006

N° d'éditeur : 10150309 - Mars 2008 - Imprimé en France par I.M.E.